JN074385

これから伸びる首都圏のカイシャ 2021秋

刊行にあたって

　新型コロナウィルスによる経済活動の低迷が続いている。ワクチン接種の拡大で、医療崩壊を現実のものにした第5波はようやくピークを越えたものの、度重なる人流抑制の影響で、巣ごもり需要を除いて国内消費は大きく落ち込んだままだ。人々が日常の生活を取り戻し、経済が本来の姿に戻るまで、しばらく時間を要することは避けられない。またコロナが収束して一定の平穏が訪れたとしても、デジタル化の遅れや政策の目詰まりなど国の劣化を目の当たりにしたいま、果たして日本は世界に遅れを取ることなく社会を正常化できるのか、先行きに対する懸念もつきまとう。

　しかし、そんな閉塞感をものともせず、着実に成長し続けている企業があまたある。活力に満ちた企業の有りようを紹介しようと、本年3月に「これから伸びる東京のカイシャ2021」を発刊した。オンリーワン技術で圧倒的な市場プレゼンスを持つ会社や、世の中にない独創的なサービスで新たな市場を築いた会社。あるいは顧客価値を徹底追及し高い支持を獲得した会社など、成長性に富む都内の有望企業を広く紹介したものだ。そして今回、対象エリアを一都三県に広げ掲載社数を大幅に増やし、「これから伸びる東京のカイシャ」の続刊として、「これから伸びる首都圏のカイシャ2021秋」を製作した。

　高い財務健全性を有することを前提条件に、明確な強みや特徴を持ちながら成長性のある企業を対象にしている点は前回と変わらない。事前ヒアリングを踏まえて、ほぼすべての企業に取材を行い、これから就職を目指す方々の企業発見のツールとしても使えるよう、客観的な視点で各企業のコア部分を執筆するよう心掛けた。

　企業規模や事業内容は様々だが、いずれも確固とした企業理念に基づき、揺るぎない自信と誇りを持ってそれぞれのビジネスを展開している。字数に限りがあるものの、各社各様の成長に向けた息吹を感じ取ってもらえたら幸いである。

日刊工業新聞社
東京支社長　玄蕃　由美子

CONTENTS

ＩＴ/ソリューション

社会インフラ

商社・サービス

建設・不動産

▲株式会社印南製作所

顧客のニーズに徹底的に応えるモノづくり
——オリジナル梱包機械に物流業界が注目！

ここに注目！

自社ブランド製品の開発で新規市場を創出
東京都でのモノづくりにこだわり

印南製作所は1957年の創業。当初は金属プレス加工からスタートし、その後、包装機械の製造を主力事業として成長を遂げてきた。現在の代表取締役社長である印南英一氏が入社した1980年頃から機械設計の分野にも進出し、当時まだ高価だったCADの導入や最新の機械設備をいち早く取り入れることで、包装機械だけでなく様々な産業機械の開発設計にも取り組み、常に時代の先を読みながら変化に対応してきた。現在は、これまで蓄積した技術力や社内一貫生産体制の利点を活用し、新規分野として梱包機械をはじめ、様々な省力化機械の開発・設計・製造を手がけている。

企業理念「断らない印南」

「断らない印南」をモットーに掲げている。他社が断るような難題にも挑戦し、世の中にない独自性と新規性のある省力化機械を多数開発してきたのが、印南製作所の特長だ。そこで培った経験とノウハウが、大企業が手掛けないニッチ市場に対応できるオンリーワンの企画開発力につながった。印南社長は「当社は、様々な業界・業種の製造工程や倉庫作業を直接見てどういう機械でどう改善するか、お客様に合わせたシステムを提案するオートメーション・システム・クリエイターになることを目指している」と語る。

近年、特に注力しているのが自社ブランド製品の梱包機械だ。大手通販サイトからの依頼をきっかけに梱包作業を自動化する機械の開発に着手。その後、メール便の自動梱包機「エコメールパック」を自社オリジナル製品として商品化した。梱包作業は、ひとつひとつ中身が異なるため高速処理が難しく、人海戦術による作業が一般的だが、同社のエコメールパックは専用の段ボール封筒で緩衝材を使わず自動で梱包することができる。処理個数は手作業だと1人平均で毎時120個程度であるのに対し、毎時450個を処理することができ、梱包時間や人件費を大幅な削減を実現した。「人口減少が進み、個人消費が伸び悩む中でもネット通販市場は伸びており、梱包作業の設備による自動化・省力化はまだまだ伸びる可能性がある」（印南社長）という。

さらにポスト投函便に対応した自社ブランド品の薄箱自動梱包機「トリニティーキューブ」は、

メール便自動梱包機「エコメールパック」

ポスト投函型薄箱自動梱包機「トリニティーキューブ」

自社オリジナル製品　全自動ポスター巻き機

本社外観

2019年の発売以来、物流業界のコスト削減に大いに貢献している。こうした自社オリジナル製品の開発をきっかけに展示会にも積極的に出展し、開発力・技術力を発信することで新規分野からの引き合いも増えている。

「東京でモノづくり」にこだわり

生産拠点を都内の１カ所に集約するこだわりもある。顧客にとっては、国内のみならず海外からのアクセスの良さは大きな利点。特に同社は、企画から設計・製造・組み立て・据え付け・保守メンテに至るまでオール内製化しているため、１拠点に集約することで、顧客は来訪すれば全工程を見てもらうことができるほか、不具合があった際にもスピーディーに対応することができる。

2017年に新たに開設した「IN-NAMI FA BASE」は、オリジナル製品の開発支援室や、全社のIoT化も進め、部門間のネットワークも強化している。工場内のレイアウトにも工夫があり、各フロアに業務セクションを配置することによって、より集中的な業務管理を行っている。

また、都内の住宅地に隣接しており、地域との共存のために外観はもとより、防音、異臭、振動など環境にも配慮したモノづくりを心掛けている。地元の小中学生を対象とした工場見学会や、インターンシップも積極的に受け入れ、地域に根差した取り組みも行っている。

|わ|が|社|を|語|る|

代表取締役社長
印南 英一氏

「違い」を認め合うことで新たな価値を創造

当社の社員は20代から70代までと、年齢層が幅広いことが大きな特長です。様々な世代が価値観を共有し、"和"を大切にするとともに「違い」を認め合うことで新たな価値を創造します。また、全社員にモノづくりの基礎を身に付けてもらうため、技能試験や資格取得を推奨するなど、時期を見て社員に成長の機会を与えるとともに、若手であっても自由に意見を言える環境を作っています。社歴を重ねても若い力を積極的に取り入れることで決して老いない企業として成長し続け、一世紀事業所を目指しています。

会社DATA

所 在 地：東京都足立区宮城1-12-22
創　　業：1957（昭和32）年3月
代 表 者：印南 英一
資 本 金：1,000万円
売　　上：14億7,730万円（2020年度）
社　　員：61名（2021年9月現在）
事業内容：包装機械製造・梱包機械など省力化機械のオリジナル製品の開発・販売
U　R　L：https://www.innami-factory.co.jp/

▲株式会社ウェーブロック・アドバンスト・テクノロジー

めっき・塗装からフィルム成形へ、自動車の進化を下支え
──電波と光線を透過する金属調加飾フィルムで自動運転が容易に

ここに注目！ 異なる特徴を持つ素材を最適な「組み合わせ」で複合化し付加価値生む
2024年3月期売り上げは59億円を計画、100億円目指し土台づくり

株式会社ウェーブロック・アドバンスト・テクノロジーは、東証1部に株式上場するウェーブロックホールディングス株式会社の全額出資会社だ。異なる特徴を持った素材を最適な組み合わせで複合化して提供し、付加価値のある製品を生み出している。中でも金属調加飾フィルムは、電波と光線を透過するので自動車の安全・自動運転システム構築が容易になるうえ、めっきや塗装よりも地球環境に優しい。SDGs（持続可能な開発目標）によって二酸化炭素（CO_2）を排出しない電気自動車（EV）などへの転換が進んでおり、同社には追い風が吹いている。

「CASE」で事業拡大の好機、米、独の現地法人・名古屋工場立ち上げ

金属調加飾フィルムは、金属と樹脂を組み合わせたフィルム（テープ、シート）の樹脂部分を押出機内で溶かして成形したり、型に流して射出成形したりする。「市場は2005年ごろに2億円し

かなかった。10年ごろにマツダに漆調の内装で採用していただいた。当時は売り上げの7〜8割がマツダ向けだったが、改良・改善対応と並行して開発を進め大変だった」（島田康太郎代表取締役兼執行役員社長）。それが今では、スマートエントリーシステム対応のドアハンドルや、レクサスのホイールキャップ、リンカーンのフロントエンブレム、シボレーのエンブレムなど一般的に使われるようになった。カラーバリエーションは「100色以上ある」（島田社長）ので、ゼロハリバートンブランドの旅行鞄やテレビなど家電分野にも採用されている。

自動車の内外装の装飾と言えば、長年、めっきと塗装が代表格として君臨している。しかし、30年をゴールとする国際社会共通のSDGsにより、有害性が議論される物質が一部に含まれるめっきと塗装には逆風が吹いている。自動車の技術トレンド「CASE」（接続・自動運転・シェアリング・電動化）によってデザインも大きく変わる。金属調加飾フィル

ムには防錆性に加え、電波・光線透過性、カラーバリエーションという"武器"がある。とくに自動運転には電波透過性が不可欠であり、ウェーブロック・アドバンスト・テクノロジーは事業拡大の好機を迎えている。

このため同社は「18年に米国現地法人と、パーツ製造の名古屋工場、19年にはドイツ現法をそれぞれ立ち上げた。川下に出ることでフィードバックが早くなり、ノウハウも蓄積できる」（島田社長）と布石を打った。技術・デザイン開発面では鋼板加飾、広幅供給、成形性向上などに注力し、市場創出を目指す。

品質管理・材料開発で優位性さらに、EV加速の欧米・中国の販売強化

ウェーブロックホールディングスは21年6月に中期経営3カ年計画を公表した。この中でウェーブロック・アドバンスト・テクノロジーについては、最終年度の24年3月期に売上高59億円（21年3月期は41億円）、営業利

本社受付

加飾フィルム・パーツの採用事例

古河工場の技術スタッフ

国内展示会出展の様子

北米現地法人（デトロイト）のチームメンバー

益5億円（同7,000万円）を計画し、営業利益率8.5%と8%台に乗せる見込みだ。「塗装は環境問題があるので、海外のEVメーカーは使いたくない。一段上の品質保証とし、この3年で売上高100億円への土台をつくる」と島田社長は売上高100億円を視野に入れる。

具体的な事業戦略は①技術開発・製造基盤の整備への投資②強固な品質管理システムの構築③海外（北米・欧州・中国）の販売力強化―の3点。「フィルム材料は特殊だ。製造できるメーカーは世界的にも数少ない。この3年で材料開発をさらに加速し、技術的な競合優位性を確固たるものとする」

（島田社長）。古河工場（茨城県）で製造している金属調加飾フィルムでは、電波・光透過、環境負荷低減だけでなく、耐候性・耐薬品性等の性能を付与して車の外装案件を獲得していく。また、一関工場（岩手県）で製造している車載用ディスプレイパネル用シートでは、パネルの曲面化、大型化、タッチパネル化やヘッドアップディスプレイの搭載増加を受け、表面硬度と耐衝撃性の相反する物性を両立させたPMMA（アクリル樹脂）/PC（ポリカーボネート樹脂）二層シートなどを拡大する。

EV化は欧米、中国で加速しており、現状の売り上げは「すでに日本よりも海外の比率が大きい」

（島田社長）。とくに中国はEV・ディスプレイ分野で世界最大の市場となる見通しで、中国およびグローバル案件の取り込みがカギを握る。一方、日本は「系列が壁になっている」（島田社長）。このため事業成長のスピードは欧米、中国のほうが速くなりそうだ。

ウェーブロック設立57周年の21年6月1日、島田社長はタブロイド誌に「世の中に求められる小粒でピリッとした製品を創り続ける」と書いた。素材と素材を組み合わせて新しい価値を生む同社のDNAは、新型コロナ対応の飛沫防止フェイスガードを誕生させてもいる。

|わ|が|社|を|語|る|

代表取締役 兼 執行役員社長
島田 康太郎氏

「白地に絵を描く」チャレンジによって、夢を実現できる会社

新しいものを生み出していく当社の事業は、答えがない中でやっており、「白地に絵を描く」ことが求められます。そこで大事にしているのは「メンバー一人ひとりがやりたいことと、当社がやりたいことがマッチできていること」です。メンバーはどの方向に行くか、戦略を考えながら勉強やチャレンジを行い、夢を実現していってほしい。それができる会社です。

そのために、半年に1回はメンバーにやりたいことを聞いています。考課

は、1年でやるべきことを4項目くらい選んでもらい、「チャレンジできたか」「進めているか」「成果は出たか」を評価します。メンバーには「失敗しても成功しても泣ける仕事をする」という思いで取り組むよう求めています。泣けるほどやったら、必ず次につながるからです。「立ち止まることは悪だ」というカルチャーが根付き、コロナ禍でも台東、つくば、川口の3つのサテライトオフィスが機能して変化に対応できるようになりました。

会社DATA		
所 在 地	：	東京都中央区明石町8-1　聖路加タワー13階
設　　立	：	2010（平成22）年4月1日
代 表 者	：	島田 康太郎
資 本 金	：	1億円
従業員数	：	90名（2021年4月30日現在）
事業内容	：	合成樹脂、各種材料の加工・販売およびコンサルティング
U　R　L	：	http://www.wavelock-at.co.jp/

▲株式会社エイチワン

脱炭素社会に向けた技術・商品開発を目指す自動車部品メーカー
——ヒト×技術力×生産力で独自のモノづくりに挑戦

ここに注目！ プレス加工、溶接加工、金型製造を網羅した高度なモノづくり技術
ESGの取り組みと働き方改革を先取りした前向きの経営スタンス

　自動車の最重要テーマとなっている軽量化。一方で、乗員の命を事故から守る衝突安全性。この相反する機能を高い次元で実現させているのが自動車車体フレームだ。文字通り車体の骨格となるフレームは、自動車の基本性能にかかわる重要保安部品。この車体フレームの国内有数のメーカーとしてグローバルに活躍しているのが、株式会社エイチワンだ。株式会社ヒラタと株式会社本郷という同じプレス部品を営む2社が、2006年に合併してエイチワンは誕生した。金田敦社長は「(ヒラタを創業した)平田源七氏と(本郷を創業した)今井俊明氏という二人の創業者に恵まれた。プレスを極め、顧客に喜んでもらうことを追い求めた両氏の思いは、当社のコアコンピタンスとして受け継がれている」と説明する。

燃料電池用金属セパレータの生産も

　まずはプレス加工、溶接加工、金型製造にかかわる高度なテクノロジー。軽量化と安全性を両立させるために、エイチワンでは早くから軽くて丈夫な高張力鋼板を活用してきたが、普通鋼に比べて高度なプレス技術、溶接技術が必要な高張力鋼板で揺るぎない量産技術を確立。さらに加工が難しいとされる次世代の超高張力鋼板にも対応できる態勢を整えた。「EV化の流れが加速してもボディはなくならない」(金田社長)とする一方で、最近は燃料電池自動車用金属セパレータの生産を拡充させており、電動化の流れはむしろ同社の収益を押し上げると見られる。

　設計開発力の向上も見逃せない。車体フレーム部品は、フロントバルクヘッド、フロントサイドフレーム、リアホイールハウスなど、いくつもの部位に分かれるが、「車一台分のシミュレーションが可能になってきた」(金田社長)という。各部位の最適設計を積み重ねてきた自社ノウハウを生かし、さらに上流の新車開発段階から参画した全体設計へ挑戦し始めている。すでに完成車メーカーに対する提案をスタートさせており、完成車メーカーに代わって一台丸ごとの車体骨格をエイチワンが開発する日が訪れるだろう。

　すでに北米、中国・アジアを中心に海外14拠点を構え、現地生産シフトを積極化してきたが、2021年末には大分県豊後高田市に3,000tプレスを導入した新工場を稼働させるなど、国内設備投資を積極化し体質強化を進めており、同社のモノづくり競争力が一段とアップされる見通しだ。

ESGとサスティナビリティを重視

　テクノロジーと並び、同社がコアコンピタンスとして掲げているのが顧客のニーズを実現するホスピタリティー。若手社員が中心となってまとめた長期ビジョン「2030年ビジョン」では、自動車業界で存在感を高めるだけでなく、社会に必要とされ、社会に役立つ価値を創出する「Value Creator」になることを宣言。高度なモノづくり技術を生かし、自

安全性と快適さ、そして地球への優しさを具現化する車体フレーム

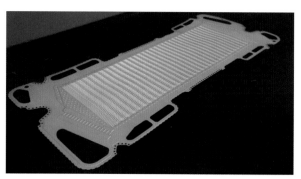
金属セパレーター：燃料電池車に採用される燃料電池スタックの構成部品。精密打ち抜き加工技術と精密金型の製作技術が応用されている

W-Hapii社（中国　湖北省）：省スペースと効率性の高さを兼ね備えたショートプロセスライン

エイチワンの森：国内外各事業所で環境保全活動を実施

豊後高田新工場：21年12月稼働開始予定。3,000tの大型プレス機をはじめ、プレス・溶接の最新ラインを導入。ソーラーパネルによる自家発電も設置し、「地球にやさしい工場」を具現化している

動車ボディ以外の新たな製品・サービスを生み出すとともに、サスティナビリティを重視した経営を通じて、世界に貢献していくエイチワンのあるべき姿を明確にした。例えば、10数年前に始めた「エイチワンの森」づくり。社員総出で地域の里山の枝打ちや間伐を行う環境保全活動は、国内の全事業所の取り組みとして定着。海外事業所でも苗木の植樹などの環境保全活動を展開している。環境だけでなく、ESG（環境、社会、ガバナンス）全般を推進する社内態勢を組織し、持続可能な社会の実現にコミットしている。

国内約1,300人に対し、海外の社員数は約7,200人。圧倒的に海外比率が高い会社だけに、「海外勤務を志して入社する社員も多い」（金田社長）とか。入社2-3年で海外支援に行くケースもあるほか、希望する部署への異動を申告できる制度もある。さらに

ワークライフバランスでは、水・金の定時退社を徹底し、2006年の合併当初から一般職の有給休暇の取得率100%を実現。管理職も月1回の有休取得が実行されている。「管理職が休みづらいとなれば、管理職になることを敬遠する社員も出てくる。まずは人として幸せな生活をしてほしい」という金田社長。2030年に向かうエイチワン社員の心は、晴れやかで気概に満ちたもの違いない。

｜わ｜が｜社｜を｜語｜る｜

代表取締役社長執行役員
金田　敦氏

期待を超える Value Creator 目指す

当社は、プレス加工技術とともに歴史を積み重ね、自動車の安全性能や環境性能、操作性、快適性に大きく関わる車体フレームの開発・生産を主力事業に、国内のみならずグローバルな供給体制を確立しています。いま自動車業界は、世界的な環境規制の強化の流れを受けて電動化の動きが加速するなど、大きな変化のときを迎えていますが、従業員全員が「世界に貢献する企業に向かって『尊重 信頼 挑戦』そこから生まれる夢の実現」という経営理念を胸に、魅力あふれる商品・サービスの提供に努めています。さらに今後は、長期ビジョンで定めた「期待を超える Value Creator」を目指し、自動車業界で存在感を示すとともに、社会に必要とされそして社会に役立つ価値を創出してまいります。

会社DATA	
所 在 地	埼玉県さいたま市大宮区桜木町一丁目11番地5
設 立	1939（昭和14）年4月23日
代 表 者	金田　敦
資 本 金	43億6,693万円（東証1部上場）
従業員数	連結：7,198名　単体：1,289名（2021年3月31日時点）
事業内容	・自動車部品および、二輪部品等各種金属のプレスおよび溶接加工 ・金型溶接設備製造
U R L	https://www.h1-co.jp/

▲株式会社エヌエフホールディングス

ユーザーと社会が抱える課題を解決する「新価値創造グループ会社」
——最先端の技術者・研究者から「技術のエヌエフ」と高い評価

ここに注目！ 精密計測制御技術の深化により、社会の変化に柔軟に対応
EX・LX・DX を柱に、持続可能な社会の発展に寄与

エヌエフホールディングス（HD）は、傘下の企業グループを通じて「計測制御デバイス関連」「電源パワー制御関連」「環境エネルギー関連」「校正・修理」の4事業分野を展開し、未来のテクノロジーを支えている。社名の由来となったエヌエフ（NF）とは「ネガティブ・フィードバック」の略称で、信号の計測の基本となる、電気回路の出力を安定化させる制御手法のこと。このNFこそが、現在の幅広い社業の基礎となった。

具体的な製品としては、①研究開発から生産まで幅広く利用される高精度な計測制御機器②「はやぶさ2」などに搭載され宇宙分野を支えるデバイス③量子コンピュータ研究向け信号処理ソリューション④微小信号増幅技術を生かした医療機器組込みや生体情報計測などのライフサイエンスソリューション⑤クリーンエネルギー・VPP（仮想発電所）・ス

マートグリッドといった次世代エネルギーや脱炭素社会の実現に向けた商品・ソリューションがある。

グループで製品から
サービスまでを一貫提供

エヌエフグループは2020年10月に持株会社化したエヌエフHDを中心に、エヌエフ回路設計ブロックをはじめとする事業会社4社に加えて、技術商社や製造会社、フィールドサービス会社など子会社8社が連携して事業を展開している。開発から製造、営業、サービスまでを一貫して包括するグループ会社体制が強味だ。

エヌエフグループは「人々に共感を持たれる新しい価値を創造し提供することにより、社会からその存在を求められ期待される"計測・制御のリーディングカンパニー"」を企業ビジョンとして、ユーザーと社会が抱える様々な課題を解決する「新価値創造型企業

集団」を目指している。計測・制御技術を生かして従来のマーケットでの高い競争力を維持しながら、SDGsなどのグローバルな課題や先端科学技術の動向を常に把握して次世代の新規事業を創出する戦略だ。そこでキーワードとなるのが、エネルギー・トランスフォーメーション（EX）、ライフサイエンス・トランスフォーメーション（LX）、デジタル・トランスフォーメーション（DX）の3つの"X"である。

一般にビジネスの展開は「狭く深く」か「広く浅く」のどちらかと言われる。同社は計測制御技術、特にパワー制御技術を「深く」追究することで、環境エネルギー分野に「広く」展開することに成功した。EX関連の事例が、次世代の家庭用蓄電システム「Smart Star3」。これは「余った電力をためておく」だけの蓄電池ではない。停電時に太陽光発電システムと連動可能な自立運転機

本社（横浜市）

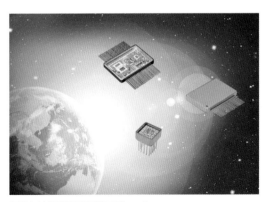
宇宙向け 精密計測制御モジュール

AIによる充放電制御
家庭用リチウムイオン蓄電システム

弱磁場MRI（磁気共鳴画像診断装置）
組込み用 8チャネル低雑音増幅器

DXのさらなる技術革新に
量子コンピュータ向け 低雑音増幅器

能やAI（人工知能）と連携した充放電の最適化など先進機能を備えた、家庭用のAI電力コントローラーだ。停電時は瞬時に蓄電池からの電力供給に切り換えるため、ユーザーが「停電だったことに気づかなかった」という。これも同社の卓越した計測制御技術のおかげだ。

若手研究者の育成で社会貢献も

　研究者の育成支援にも力を入れている。「エヌエフ基金」がそれ。「革新」「独創」「発展性」に挑む若手研究者の支援を目的に、基金から毎年「研究開発奨励賞」を授与している。「先端計測」「環境・エネルギー」「新価値創成」が募集の対象となる研究開発分野である。さらに若い世代を対象にした新たなモノを作り出せる人材の育成にも力を入れている。生産拠点のある山口地区では高等専門学校（高専）生や高校生、小中学生向けに科学技術体験教室などを開催しているほか、神奈川県発明協会主催の「青少年創意くふう展覧会」の活動も支援している。

　業容の拡大に伴い、採用活動にも積極的に取り組む。研究開発型企業だけに、従業員の約7割を設計・開発や技術営業といった技術系の職種が占めている。そのため、技術者育成に関わる体制や設備などが充実しており、若手を中心に全社員が技術力を高められる環境にある。エヌエフHDは東証JASDAQ上場企業であり、安定した財務体質と高度なコンプライアンスを備えているのも魅力だ。

|わ|が|社|を|語|る|

代表取締役会長
高橋 常夫氏

持株会社化の今年を創業元年に位置づけ

　エヌエフグループは、社名の由来でもある高精度なネガティブ・フィードバック制御技術をもとに「世の中に求められる新しい価値を提供する製品を創りたい」というフロンティア精神で成長を続けてきました。持株会社化を機に、今年は創業元年と位置付け、新たな飛躍を目指します。

　私たちを取り巻く環境は既に大きな変革を始めており、脱炭素社会や安全安心の新生活様式など、時代の要請に俊敏かつ柔軟に対応していく必要があります。

　グリーンイノベーションやデジタル変革、さらにはライフサイエンスや量子サイエンスなどでエヌエフグループの強みを活かし、持続可能な社会発展に貢献できる新価値を提供する技術・商品・事業の創出に取り組みます。

　エヌエフグループは、強靭でしなやかな個々の自律、そしてグループ各社の協調による有機的な組織力を発揮し、人々や社会の期待に応えて事業成長していきます。

会社DATA		
所 在 地	：神奈川県横浜市港北区綱島東6-3-20	
設　　立	：1963（昭和38）年（創業1959年）	
代 表 者	：高橋 常夫	
資 本 金	：33億1700万円（東証JASDAQ上場）	
売 上 高	：連結：106億5100万円（2021年3月期）	
従業員数	：連結：377名（2021年3月31日現在）	
事業内容	：計測制御デバイス、電源パワー制御、環境エネルギー、校正・修理	
U　R　L	：https://www.nfhd.co.jp/jp/	

黒田精工株式会社

精密技術を通じて、世界の産業高度化をサポートする
——精密計測・加工のプロフェッショナル

ここに注目！ EV向けで世界が注目するオンリーワン技術を保有
人財育成を経営の根幹に〜働きやすさと働き甲斐の最高点を目指す〜

"精密化（PRECISION）" と "生産性の向上（PRODUCTIVITY）" を意味する「P&P」の経営理念の下、約1世紀にわたり国内外の産業高度化を牽引してきたのが黒田精工株式会社だ。1925年（大正14年）に日本初の専業ゲージメーカーとして創業した同社は、「精密業界の老舗」として優れた精密計測技術・精密加工技術を基礎に幅広い要素技術を磨き、常に時代のニーズに応えてきた。

同社の原点とも言えるゲージとは寸法・公差の基準となるもの（言わば精密な物差し）で、近代モノづくりの原点とも言えるものである。このゲージの国産化は未だ黎明期であった日本の工業界において、その後の近代化に向けた礎となる出来事であった。高度成長期から今日に至るまでの日本の製造業を支え、その発展とともに成長してきた同社は現在、世界的に急成長している電気自動車（EV）や半導体市場を支える基幹部品を供給し、活躍の舞台を海外に大きく広げている。2012年以降、海外企業の買収や業務提携、合弁会社の設立を積極的に行い、2020年度時点の海外売上高比率（連結ベース）は48％に達する。

世界の先端産業を支える商品群

現在、同社の事業は駆動システム事業・金型システム事業・機工・計測システム事業の3事業部で構成されている。

駆動システム事業は、精密位置決め用の機械要素であるボールねじを主要製品とする。ボールねじとは、モーター等の回転運動を直線運動に変換する機械要素であり、半導体製造装置、産業用ロボット、工作機械、医療用ロボットなど関係する業界は多岐に渡る。現在世界的に需要が拡大している半導体関連は同社が得意とする分野であり、工場の拡充や製造ラインの自動化・スマート化等製造能力の増強にも力を入れている。

金型システム事業は精密プレス金型とそれにより生産されるモーターコアと呼ばれるモーターの基幹部品が主体となる。同社独自の技術であるFASTECシステムは、打抜き、積層、回転、組立という一連の作業工程を、プレス工程内ですべて処理することを可能にし、品質と生産性の飛躍的向上をもたらした。近年開発したGlue FASTECシステムはエネルギーロスを低減した高効率モーターコアが製造でき、EV向けのユニークな技術として国内外の多くの自動車メーカーから熱い視線が注がれる。

機工・計測システム事業は、平面研削盤をはじめとする工作機械や、祖業のゲージ製造から引き継がれている測定装置や各種計測機器など、世界のモノづくりを支える多様な製品を扱う。特殊な精密ねじゲージなど同社にしか作れない製品も少なくない。

これら3つの事業それぞれが保有する幅広い要素技術を用い、

クロダのオンリーワン技術『Glue FASTEC』世界の電気自動車（EV）メーカーが熱い視線を注ぐ

海外製の最先端手術ロボット。クロダブランドは海外メーカーからの信頼も厚い

最先端の自動化ラインを備えるかずさアカデミア工場

「精密なモノづくりは文化である」次代を担う人財育成には特に力を入れる

リモートワーク・フリーアドレス・フレックスタイム制度など、柔軟な働き方を推進している

ユーザーのニーズに的確なソリューションを提供できるのが同社の強みと言えるだろう。

黒田社長は、2025年度を目指して策定した中期経営計画「Vision 2025」の中で、駆動システム、金型システム、機工・計測システムの3部門がそれぞれのターゲット市場で世界をリードする立場になることを目標に掲げ、そのために収益力、技術力と顧客との関係の三つの強化を図ると謳っている。そのうえで、創業100年に当たる2025年度までに売上高230億円、営業利益20億円を達成するという計画を打ち出している。

人づくりこそが「精密なモノづくり」を実現

昨今、「技術立国」や「モノづくり大国」の看板が色あせたように感じられるのが国内製造業を取り巻く状況だ。その点について黒田社長は「確かに、"そこそこ精密"のモノづくりは海外でもできるようになっている。しかし、本物の精密となると、やはり日本が強い。精密なモノづくりというのは例えば高性能な機械を購入すればできるというように一朝一夕にできるものではない」と解説する。「精密なモノづくりは文化である」とは故・黒田彰一最高顧問（現社長の父親）の言葉。匠の技を後世にバトンタッチする為に技能伝承プログラムを整え、全社員を対象に精密なモノづくりを体験できる「ものづくり道場」を開設、技能者としてのキャリアパスである「マイスター制度」を設けるなど、父の思いを引き継いだ黒田社長は、モノづくり文化を担う人づくりを経営の根幹に据えている。

|わ|が|社|を|語|る|

代表取締役社長
黒田 浩史氏

働きやすさと働き甲斐の最高点を目指す

モノづくりが好きな学生には、とても面白い会社で、お勧めです。多種多様な要素技術を蓄積しており、機械・メカトロ系をはじめ、電子・電気系やデータサイエンティストの勉強をしたような人にも興味を持って取り組める仕事がたくさん用意されています。

取引先は、世界的な一流企業が多く、若いうちからそうした会社の技術者、研究者と一緒になってグローバルな環境で最先端の研究開発に取り組めるのが当社社員の醍醐味の一つです。実際、当社の製品はEVや医療用ロボットをはじめとした最先端分野に関わりがあります。今後はドローンや空飛ぶ自動車など、新たな分野でも必ず当社の技術が活かせるはずです。

職場では働きやすさと働き甲斐の2軸を大切にしています。座標軸で言うと、二つが兼ね備わった右上・第1象限の最も高い点を目指しているところです。多様性を重視し、国籍や性別を問わず、広く門戸を開いていますので、ぜひ一度、気軽にアプローチしてみてください。

会社DATA	
所 在 地	：川崎市幸区堀川町580-16　川崎テックセンター20階
創業・設立	：1925（大正14）年1月
代 表 者	：黒田 浩史
資 本 金	：19億1,100万円（東証2部上場）
従業員数	：連結617名（2021年3月末現在）
事業内容	：駆動システム、金型システム、機工・計測システム
U R L	：https://www.kuroda-precision.co.jp/

ソリューション

コンサルティング

商社・サービス

建設・不動産

▲ネツレン（高周波熱錬株式会社）

高周波熱処理の受託加工＆製品提供をグローバルに展開
——EVや自動運転車の進化・発展が追い風

ここに注目！ グローバル市場を開拓
技術・製品が評価され「超モノづくり部品大賞」を2年連続で受賞

家庭の調理器具としてお馴染みのIH（誘導加熱）クッキングヒーターで使われるIH技術を工業分野で使いこなしているのがネツレンだ。IHに基づく熱処理を金属材料に施し、強度や耐久性を高め、様々な用途に適合できる素材および加工品を供給するのが中核事業となる。自動車産業向けが売り上げの過半を占めており、EV（電気自動車）化の進展・自動運転の実用化といったうねりを追い風に、今、国内外の事業展開に拍車をかけている。

同社のルーツは1940年（昭和15年）発足の東亜無線電機（株）に遡る。終戦間もなくの1946年（昭和21年）5月に東亜無線は高周波熱錬に社名を変更し、高周波誘導加熱装置の製作および各種機械部品の高周波焼入れ受託加工に乗り出す。

以来、戦後の復興に貢献し、熱処理技術に磨きをかけ進化発展させて今日に至っている。現在の事業内容は立ち上げ時とほぼ同じで、高強度熱処理製品を製造・販売する製品部門と、熱処理を受託加工する受託加工部門、高周波誘導加熱装置の設計・製作部門に大別される。国内ではグループ会社を含めた23工場が、各地のニーズにきめ細かく対応し、また、広域への供給拠点ともなっている。

海外に目を向けると、米国、メキシコ、中国、韓国、インドネシア、チェコの6カ国に計16拠点を開設。北米・中南米、中国・アジア、欧州の各市場の開拓に取り組んでいる。

新商品比率を30%に

「コロナ禍の影響は小さくない。とくに主力の自動車向けが落ち込んだのが足を引っ張った」と大宮克己社長は2020年度を振り返る。しかし、2021年度に入ると自動車産業の好転などから業績は急回復。進行中の第15次中期経営計画（2021〜2023年度）の初年度目標は順調にクリアできる見通しだ。

同社では中期経営計画と併せて、2030年に向けた長期10カ年ビジョン（2021〜2030年度）を策定している。10年後のある

べき姿を描いた同ビジョンでは、ROE（自己資本当期利益率）8%を目指すとの業績目標を掲げ、併せて「新商品の比率が30%を上回るようにする」と新商品重視、つまり技術・商品開発に磨きをかけていく方向性を打ち出している。すでに、その成果の一端が表れている。

部分高強度鉄筋「ダブルスターク」は、IHで部分的に焼入れすることにより、高強度と通常レベルの強度とを共存させた異形鉄筋。これにより鉄筋の使用量を約30%削減でき、居住空間の拡大・豊かな採光が可能となり、すっきりとした快適な住空間につながる。大手のマンションデベロッパーなどが採用し普及しつつある。

自動車の操舵装置部品「ハイブリッドラックバー」は、中空部材と中実部材を組み合わせることで、軽量化と強度確保を両立させたハイブリッド製品。車体重量を如何に軽くするかが大命題のEV、自動運転車のニーズに対応した。大宮社長は「EV、自動運転など車の進化発展が強い追い風にな

シリンダーブロックボア焼入焼戻装置

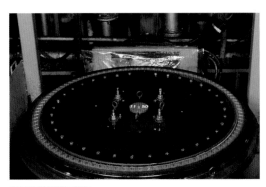
高周波熱処理の様子

ダブルスターク
高強度部分700MPa（桃色）／低強度部分390MPa（青色）

研究開発・エンジニアリングの拠点（湘南事業所）

る」と需要拡大への期待を語る。

「ダブルスターク」「ハイブリッドラックバー」とも、優れた技術・製品のお墨付きとなる「超モノづくり部品大賞」（日刊工業新聞社など主催）を2年連続で受賞している。

同社が提供する誘導加熱設備は、熱処理のインライン化、省エネルギー化、省スペース化、省人化により、様々な産業の発展に貢献している。設計の基礎計画から組み立て・据え付け・アフターメンテナンスまで一貫して業務を展開。ノウハウとアイデアが勝負の

設計の世界では、柔軟な発想力が求められる。先輩社員や同僚、上司などのアドバイスをもとに、様々な視点から考察を深め、新しい技術を取り込み、価値あるモノづくりに取り組んでいる。

グローバル展開を加速

同社では、こうした技術・製品開発と併せて、各事業のグローバル展開を加速している。世界各地に構えている拠点を拡充強化し、現在は「製品」、「受託加工」、「装置の設計・製作」のいずれかしか手掛けていないところは、例えば、

製品＋受託加工の両事業を展開するなどで、新規顧客を開拓。それらによって、直近の海外売上高比率約30%を徐々に高めていく。

リクルートの面では、機械・電気系をはじめとする理系学生を中心に、広く人財を募集している。グローバル対応の一環として、留学生をはじめとする外国籍の人たちも積極的に採用しており、研究開発の中核を担う外国人社員も出てきている。また、以前から、女性が活躍できる職場を目指しており、その積み重ねにより女性管理職も輩出されている。

｜わ｜が｜社｜を｜語｜る｜

代表取締役社長執行役員
大宮 克己氏

ダブル・エコで進化・発展する「IH（誘導加熱）のパイオニア」

当社は終戦の翌年、1946年に日本で初めてIH技術の事業化、工業化に成功した会社です。以来、地球環境にやさしい無公害（Ecological）・省資源（Economical）のダブル・エコであるIH技術のパイオニアとして、熱処理受託加工に取り組み、また、オリジナリティの高い製品を開発し世に出すことで、産業界各方面のお役に立ってきていると自負しています。

長期ビジョンで「新商品の比率を30%にする」と打ち出しているように、新たな分野への挑戦に力を入れて

います。そのためには、社内にないもの、できないものは外のリソースを活用することが大切なので、自前主義は採らず、M&A（合併・買収）や技術提携を心掛けています。

社内には、社員一人ひとりの自主性・自発性を尊重する、環境貢献に重きを置く、全体最適を追求するといったDNAが育まれています。CSR（企業の社会的責任）やSDGs（持続可能な開発目標）が重視される時代にふさわしい企業として、DNAをさらに進化させていきます。

会社DATA	
所 在 地	東京都品川区東五反田2-17-1
設 立	1946（昭和21）年5月
代 表 者	大宮 克己
資 本 金	64億1,835万円（東証1部上場）
従 業 員 数	連結1,571名（2021年3月末現在）
事 業 内 容	高周波熱処理をしたPC鋼棒、ばね鋼線およびプレハードン線の製造販売、自動車部品・建設機械関連製品の製造販売、機械部品等の高周波焼入れの受託加工・製造販売、各種周波数の電源を使用する誘導加熱装置および高周波焼入設備の製造・販売
U R L	https://www.k-neturen.co.jp

モノづくり

商社・サービス

サイボー株式会社

繊維と不動産活用の二本柱で人々の暮らしを支える
――時代と地域とともに発展し、常に社会から求められる存在に

ここに注目！ 時代（とき）の流れを読み柔軟に展開する繊維事業
商業施設や医療機関の誘致など地域貢献に寄与する不動産活用事業

　1948（昭和23）年、埼玉県南地域を活動拠点として設立した埼玉紡績株式会社は、67年にサイボー株式会社に社名を変更し、現在、繊維事業と不動産活用事業の二本柱で事業を展開している。繊維事業では、原糸、生地、アパレル製品、アウトドア用品、レース素材の企画・製造・販売を行ない、不動産活用事業では、大型商業施設や医療施設等の賃貸管理やビルメンテナンスを手掛けるほか、インテリア施工事業やゴルフ練習場事業等を営んでいる。

時代とともに柔軟に成長を続ける

　飯塚榮一社長は、「当社は日本で最後に認可された紡績メーカー」と紹介してくれた。設立当時の1940年代は、埼玉県南地域では織物業が盛んだったが、富士山を境にした東日本エリアに紡績メーカーがなかったことから、同社は綿紡績業を興すことを決め、これにより戦後の日本経済再建の一翼を担ってきた。その後、業界の浮沈もあるなかで時流を読み、従来の綿紡績業から、縫製品・アパレル製品などの製品中心の製造・販売業へいち早く転換。さらには収益基盤を強化するため、所有地を有効利用した不動産活用事業を展開し、時代を捉えビジネスを柔軟に転換させながら、着実に成長を続けてきた。

　「繊維事業では、糸・生地のほか、企業向けユニフォームやスポーツ関連商品、テントなどのアウトドア用品を製造・販売している。コロナ禍においてニーズが高い抗菌加工などの機能性をこれらの繊維製品に付加するなど、常に社会に目を向けたモノづくりを志向しており、災害時の際にもお役に立てるような製品の開発・提供を目指す」（飯塚社長）と強調する。

　一方でサイボーは、紡績工場跡地などの所有地に大型商業施設や医療施設などを誘致・建設し、賃貸している。飯塚社長は、「これらの事業はどれも思いつきではない。根底にあるのは地域に貢献したいという思い。地域の人々の安心で快適な暮らしに役立つものでありたいと考えている」と語る。

　例えば医療。埼玉県南地域では、以前は24時間対応で緊急手術ができる救命救急病院が少なく、高齢化により循環器系疾患が急増するなか、病院の誘致が望まれていた。そこで2015年には心臓と呼吸器に特化した「かわぐち心臓呼吸器病院」を建設。また2020年には不足していた産婦人科医療を充実すべく「かわぐちレディースクリニック」を建設し賃貸管理をしている。2021年秋には、新たにクリニックモールがオープンする予定だ。

事業の柔軟性と固い財務内容

　繊維・不動産活用事業以外にも、関連会社において、ゴルフ練

本社ビル

不動産活用事業では、地域の「衣・食・住」の向上を目指す（画像は大型ショッピングセンターとゴルフ練習場）

サイボーは浦和レッズレディース
公式スーツを提供しています

繊維事業では、原材料からスポーツ関連商品、アウトドア用品など幅広く取り扱う

習場事業や自動車販売業など幅広く事業展開している。創業当時から培ってきたヒトとモノの繋がりを基軸に、柔軟に事業を拡張しているのがサイボーの特徴だ。織物生産時代に豊田自動織機製の織機を使用していた縁でトヨタ自動車の新車・中古車販売に踏み切り、さらにモータリゼーションの流れに乗り、自動車教習所や板金塗装事業を手掛けてきた。県南エリアでは人口の流入が続き、近年は若い世代のゴルフ人口が増え、ファミリーで楽しむ姿が目に付く。

飯塚社長は「当社は柔軟性があり、時代を読む力を備えて、機を見て敏に行動する一方で、石橋を叩いても渡らない堅実さがある」

と言う。その堅実さとはズバリ企業の財務内容のことで、設立以来、無理のない経営を続けており、「財務的には本当に堅い」と胸を張る。さらに「グローバルに活動するような派手さはないが、従業員の離職率は低く、『勤めてみたら良い会社だった』とよく言われる。企業として大切なことは永続すること。永続する中で従業員がやりがいをもって働ける職場環境を維持し向上させたい」という。

職場環境向上の取り組みでは、すべての従業員が能力を発揮し、仕事と生活・子育ての両立ができるよう「次世代育成支援行動計画」を策定したほか、埼玉県から

は「多様な働き方実践企業」に認定されている。地域貢献では、青少年育成の一環としてリトルリーグ（少年野球チーム）へグラウンドを無償提供、美化・環境保全のため定期的な河川の清掃活動のほか、災害時における地元自治体の支援、感染症対策に必要な衛生・防護用品の優先供給の協力などCSR活動を行っている。

オイルショックやバブル崩壊など、様々な危機を柔軟に乗り越え、拡張と転換を続けてきたサイボー。コロナ禍で人々の生活環境が変化する中において、将来を見据えこれからも地域とともに歩み続ける。

わが社を語る

代表取締役社長
飯塚 榮一氏

時代とともに、地域とともに歩む

埼玉県南地域を活動拠点として、1948年の設立以来、繊維事業と不動産活用事業を中心に事業展開し、今年で73年目を迎えました。設立以来、大切にしてきたことは、「時代（とき）とともに歩むサイボー」「地域とともに歩むサイボー」という精神（こころ）であり、時代（とき）の流れに沿い、常に地域の方々に貢献し社会から支持される会社でありたいという思い

です。

繊維事業では常に社会に目を向けたものづくりを志向し、不動産活用事業では地域発展のため大型商業施設と充実した医療施設の建設に注力し、明るく住みやすい街づくりをおこなって参りました。これからも環境、社会、ガバナンスに配慮した責任ある行動を実践し、真に社会価値を高めるESG経営を目指していきます。

会社DATA	
所 在 地	埼玉県川口市前川１丁目１番70号
設 立	1948（昭和23）年6月15日
代 表 者	飯塚 榮一
資 本 金	14億200万円（東証２部上場）
売 上 高	連結：6,729百万円（2021年3月期）
従 業 員 数	連結：100名（2021年3月31日現在）
事業内容	繊維製品 製造・販売、不動産賃貸
U R L	https://www.saibo.co.jp/

▲ 酒井重工業株式会社

世界の道路インフラ整備に貢献するグローバルニッチ企業
——創業100年を超す道路建設機械のパイオニア

ここに注目！ 国内シェア70％、海外展開も積極化し圧倒的なポジション築く
JAXAも認める高い締固め技術を保有し新分野展開も

　「私たちの村の道もこれで良くなる。仕事は大変だったけど感謝の気持ちでいっぱいだ。皆さんのことは生涯忘れない」。ミャンマーに対する道路建設機械のODA（政府開発援助）輸出で、3カ月に及んだ現地施工・指導の最終日。酒井重工業株式会社の渡邊亮介副社長は、連日安い日当で手伝いに駆り出され手足を泥だらけにし真っ黒に日焼けした村の少女らの言葉を今も思い出す。「われわれ日本人は彼女たちを手伝いに駆り出し疎まれていると感じていたのに、思わず感謝の言葉をかけられ心が「ジ～ン」と来て涙が出てきた」。土道のぬかるむ土に苦労していた村人にとって、舗装道路は待ち望まれた公共財。道路建設を通じて人々の暮らしに貢献できたという、純粋に誇れる自分がそこにいた。今から8年前のできごとだ。

効率よく地面を締固める独自のノウハウを保有

　1929（昭和4）年、国内初のロードローラを開発して以来、道路建設機械のパイオニアとして道路の建設・維持・補修事業に携わってきた酒井重工業。道路建設機械は建機市場全体の約3％に過ぎないニッチ市場とはいえ、幹線道路のアスファルト舗装工事で活躍する大型舗装用ローラをはじめ、市街地の舗装用ローラ、道路補修用ロードカッタ、大型土工用振動ローラなど多彩な製品を取り揃え、道路建機では国内シェア70％の圧倒的なポジションを有する。

　ローラの目的は「地面を固めること」、「土を固めること」を同社では締固め（しめかため）というが、この締固めが不足すると何年も経たずに舗装面に轍やひび割れが発生してしまう。現場の土の種類や性質から最適な含水比を割り出して、いかに土中から空気を追い出せるかがポイントで、重力だけでなく振動、衝撃の力を使い分けて、「効率よく高い締固め密度を実現できるところに当社の強み

がある」（渡邊副社長）という。締固め密度を1％向上するだけで舗装寿命が1年伸びると言われるほど、その技術は奥深い。締固め専用の試験設備も揃える同社は、世界的にもこの分野で揺るぎない技術を持つグローバルなニッチトップ企業でもある。

　この締固め技術を道路以外に活用する動きもある。例えば、頻発する集中豪雨対策として注目される河川の堤防。建設時に土を締固めることができれば、従来以上に強固で決壊しにくい堤防を築ける。最近では宇宙航空研究開発機構（JAXA）とともに、月や火星の拠点建設を見据えた月面締固め技術に関する共同研究に着手しており、「当面は、海外を含めて道路に特化した締固め技術でやっていく」（渡邊副社長）としながらも、締固めのプロフェッショナルとして技術を横展開し活躍の場を広げていく方針だ。

ミャンマーの工事風景：ロードスタビライザ

ミャンマーで働く女性たち

タイの工事風景：土工用振動ローラ　インナーブランディング：SAKAIPPONグランプリ　インナーブランディング：社内運動会

デジタル技術を活用した新製品が目白押し

　ITデジタル技術を用いたスマート製品の開発も急を告げている。テスト段階にある自動運転技術に始まり、ローラによる転圧作業を行いながら地盤の剛性をリアルタイムに評価できる転圧管理システムや、ミリ波レーダーにより湯気などを対象物と誤認しない緊急ブレーキ装置などを実用化、自動運転もテスト段階に入っている。さらにIoTによる稼働監視や

リモート診断サービスも計画中で、自動車と同様に内燃機関から電動化への研究も続けている。

　2018年に、創業100年を迎えた酒井重工業。いま同社が向かい始めた将来ベクトルは、単なる道路建設機械メーカーの枠に留まらず、SDGsにもつながる新たな領域を指し示す。ブランディングを担当する吉川孝郎執行役員管理部長は、「機械を作って売るのが仕事ではない。道路建設を通じて、国内外の社会インフラづくりに貢献していくことが当社の役割だ」

と断言する。

　「みらいのさかい」をテーマに、社内公募したあいうえお作文。予想に反して、合計110件もの作品が集まった。「多くの作品には、会社や仕事に対するプライドがにじみ出ている」（吉川部長）と嬉しそう。だからすべての作品を漏れなく一枚のポスターに収めて掲出した。「SAKAIの機械」は地味で武骨だが、機械を通じて世界に貢献する「SAKAIの道づくり」は、泥臭くも粋であることを、SAKAIの社員は知っている。

｜わ｜が｜社｜を｜語｜る｜

代表取締役社長
酒井 一郎氏

飽くなき挑戦を続ける

　当社は、道路建設機械のパイオニアとして、道路の建設・維持・補修事業の高度化に向けて、新製品・新技術開発を続けてきました。ユーザーの方々に信頼のおける製品とサービスを提供し、道路事業の発展に有益な技術を創造し、さらに道路建設機械で培った専門技術を周辺分野にも役立てて行くことが、我々の存在意義であり、責務であると考えます。お陰様で、当社は創業100年の歴史を刻むことができましたが、今後も長年の経験から生まれた有形無形のノウハウと新技術への飽くなき挑戦を続けるとともに、環境への配慮やデジタル化を加速させながら、世界の国土開発に貢献できる企業を目指します。

会社DATA		
所　在　地	：	東京都港区芝大門1-4-8　浜松町清和ビル5F
創　　　業	：	1918（大正7）年5月
設　　　立	：	1949（昭和24）年5月
代　表　者	：	酒井 一郎
資　本　金	：	32億2,100万円（東証1部上場）
売　上　高	：	216億2千4百万円（2021年3月期）
従業員数	：	グループ：602名（2021年3月31日現在）
事業内容	：	道路建設機械（締固め機械・道路維持補修機械等）の製造販売
U　R　L	：	https://www.sakainet.co.jp

◢ 坂口電熱株式会社

「ご恩返しの経営」で社会課題の解決に貢献する「電気加熱」のエキスパート集団
—— モノづくりの現場から先端科学分野まで400万点超のヒーターを開発・設計

ここに注目!
本格的な R&D センターを保有し、企業や研究機関から高評価を受けている開発力
変革の時代にあって共に学び、成長させる社内情報共有（社員教育）の取り組み

激しい火柱と轟音を上げながら天空高く舞い上がる国産ロケット「H-II」。その「舵」となる姿勢制御用の燃料が外気温で凍結するのを防ぐ面状ヒーターを製造しているのが坂口電熱株式会社だ。産業用ヒーターで業界をリードする「熱のエキスパート」だが、意外にもそのルーツは毛織物のラシャ問屋だったという。

同社が「熱」にかかわったのは、創業者の坂口太一氏が取引先の仕立屋で炭火アイロンの扱いに四苦八苦している若い人たちを見て「なんとかしてあげたい。あれでは勉強の時間も持てないではないか」と考えたのがきっかけという。1923年に電熱業界に転身し、1927年に初の電熱製品として業務用電気アイロンを考案（実用新案）。多くのニーズを確信し、当時は珍しい割賦販売をおこなったところ、「飛ぶように売れた」という。蜂谷真弓社長は祖父に当たる太一氏について「好奇心旺盛で、"人さまの役に立ちたい、何かできることはないか"と常に探し歩くような人だったと聞いている」という。

社会恩に報いる

こうして誕生した坂口電熱は「私たちは生かされている。企業経営はその社会恩に報いるものである」との創業者精神を根幹に据え、その時どきの先端産業に必要とされる熱のエキスパートとして進化してきた。

1958年、後に電気街となる秋葉原に進出。全国各地からお客様が訪れるようになったのを機に地方にも営業所を設置。技術力を武器に、1983年に文部省（当時）高エネルギー物理学研究所トリスタン計画に参加。その後も産学連携事業の実績を重ねている。1986年、お客様にさらに安心してお取引いただけるよう千葉県佐倉市に研究開発拠点としてR&Dセンターを開設。

直近では国家プロジェクトに採択された「ミニマルファブ構想」に参画。これまでの抵抗加熱とは全く異なるレーザー加熱を採用し開発したExLASERの技術をベースに、東北大学、産総研、（一社）ミニマルファブ推進機構とともに、「ミニマルレーザ水素アニール装置」の研究開発を手掛けている。ミニマルファブは、半導体産業の多品種少量ニーズに適応した新しい生産システムだ。ミニマルファブなら、クリーンルームを持たずに工場をコンパクトに形成し、生産ラインの投資規模を大幅に削減することで、従来の1000分の一の投資で半導体チップを製造できる。

中長期ビジョンを2018年に策定し、地球環境への貢献や、産業電化、脱炭素社会の推進に向けて新たな技術開発も手掛けていく計画だ。その例として、従来品よりも20％省エネ・30％軽量の断熱材や、宇宙デブリ（ゴミ）回収の実証実験に必要なヒーターの開発なども手がけている。

秋葉原電気街にある本社・本店

2019年に新設された千葉ロジスティクスセンター

エミファインは登録商標 6280005 号です。

エミファインは、弊社独自の製法で製作したガラス繊維を使用した軽量で保温効果の高い断熱材料です。

20% 省エネ ※
30% 軽量

※弊社従来品（断熱材）と比較した場合

従来品よりも20%省エネ・30%軽量の断熱材「エミファイン」

非常用発電機の稼働試験をするための装置「高圧乾式負荷試験装置」

ノウハウ共有でレベルアップ

2023年に創業100年を迎える老舗企業として、数万社に及ぶユーザーと1世紀に及ぶ「加熱ニーズと解決法」を蓄積・承継してきた坂口電熱。そうした資産を支えているのが社員だ。蜂谷社長は「会社が伸びるためには人が伸びる必要がある」と強調する。それを実現するために欠かせないのが「情報共有」だ。同社は個人の知見を社内で共有し、相互に学び、利用する仕組みづくりに取り組む。2013年からは「パワーアップ研修」を実施。社員が顧客のニーズと電熱技術をマッチングさせるためのノウハウを共有することで、お互いの、そして会社全体のレベルが上がって来たという。研修を通して、開発の初期段階から営業・設計・品証・購買の連携が可能になり、顧客企業からの難しい要求に部門を超えて協力し合う体制が整ってきた。

情報共有からヒット商品も生まれた。非常用発電機が万一の時に、正常作動するかどうかをテストする「高圧乾式負荷試験装置」だ。2011年の東日本大震災発生時に非常用発電機のトラブルが相次いだことから点検需要が高まった。同社の電熱技術を利用し、非常用発電機を動かした際の電力負荷を受けて発電性能を試験する。可搬式でパソコンを使って制御できる利便性もあり、同社が提供するレンタルサービスは申し込みが増加している。

蜂谷社長は「CSR活動のコアである（公益財団法人）坂口国際育英奨学財団は、将来世界での活躍が期待される優秀な留学生と社員との国際交流の場でもある。

社業を通じて社会に貢献していくため、何にでも興味を持って新しいことに臆せず挑戦する人材を育てたい。まもなく100周年を迎えるが、次の100年を社員と共に創っていく」と意欲を燃やす。

| わ | が | 社 | を | 語 | る |

代表取締役社長
蜂谷 真弓氏

従業員満足（ES）を重視

勤続51年で退職した社員から「最高に幸せな人生だった」と言ってもらえました。大変な仕事にやりがいと成長を感じてもらうにはどうすればいいかと、いつも考えています。先人や先輩方が積み上げてきた価値は今の会社の礎となっており、私たちも次世代の礎を築いていきます。社長に就任してから従業員満足（ES）を意識してきました。今後もその視点は重視していきたい。コロナ禍でも感染対策や働き方を工夫しながら半導体をはじめとする多種多様なメーカーや社会インフラに関わる業種として通常稼働を続けており、様々な忍耐と努力をしてくれている社員に感謝しています。100周年は通過点であり、これからも社員の生の声を大切にして長期視点やデジタル化で必要な仕掛けに投資は惜しまないつもりです。

会社 DATA

所 在 地：東京都千代田区外神田1-12-2
創　　業：1923（大正12）年1月10日
代 表 者：蜂谷 真弓
資 本 金：4億6,000万円
従 業 員 数：150名（2021年3月31日現在）
事 業 内 容：国内外のあらゆる分野のモノづくりにおける加熱工程（熱を加え加工する）に必要な産業用ヒーター・センサー・コントローラーの開発・設計・製造・販売
U R L：http://sakaguchi.com/

IT/ソリューション

社会インフラ

商社・サービス

建設・不動産

▲サンライズ工業株式会社

国内トップクラスの業務用熱交換器の専門メーカー
——食品冷蔵からビル空調、医療機器、半導体関連まで幅広く社会に貢献

ここに注目!

オーダーメイドに徹した多品種、小ロット、短納期の優位性
設計開発段階からの一貫体制と熱交換器による熱対策技術の将来性

エアコンやラジエーター、冷蔵庫など身近なところで使われる熱交換器。温度の高い流体から低い流体へ熱を移動させる機器であり、液体や気体などの流体を用いた熱エネルギーの交換によって加熱や冷却を実現する。そんな熱交換器の業務用市場で、国内有数のメーカーとして知られるのがサンライズ工業株式会社だ。家電製品や自動車用などの量産モノは一切手掛けない。すべての製品が顧客の仕様に応じて設計製作するオーダーメイド型。多品種・小ロットに徹したビジネスで、50年連続の黒字経営を続けている。

自社完結型の生産体制を確立

年間の取引先約200社、フィンチューブタイプと呼ばれる製品を中心に年間約10万台の熱交換器を生産するサンライズ工業。最大の強みは、試作、設計から部品製造、組み立て、検査・出荷まで一貫した自社完結型の生産体制にある。主要構成部品となるパイプ製作はもとより、放熱部品のフィンなども自社製造することで、多様なニーズに合わせて一品モノを短納期で提供できる。独自開発の能力計算プログラムを用いた設計開発力も大きい。要求仕様に合わせた最適な製品設計ができるため、顧客は図面製作の手間を省けるほか、冷凍冷蔵機器や空調機器のメーカーなどは、心臓部となる熱交換器の開発を同社にそっくり委ねることも可能だ。

20年前、創業社長の急逝により28歳の若さで経営を任された中山晃宏社長は、「顧客から図面を支給される案件がまだ半分以上を占めるが、自社設計比率は格段に上がっている。今後も顧客と一緒に、開発の上流から参画できる案件を増やしたい」と語る。すでに同社のビジネスは、熱交換器の下請けメーカーの域を超えている。例えば大手コンビニエンスストア向けの冷蔵ショーケース。自社製の熱交換器を使用し、同社で完成品に組み立て出荷している。ほかにもビル用空調システムや半導体製造装置用空調機、医療用の冷温水槽など、幅広い分野の製品でユニットから完成品までのOEM（相手先ブランドによる生産）・ODM（相手先ブランドによる設計・生産）を手掛けており、95年に設立した100%子会社の中国・上海拠点を含めて、国内外で活躍の場を広げてきた。自社ブランドで製造することも可能だが、「あくまで黒子に徹して社会に貢献する」（中山社長）方針だ。

本社・事務棟外観風景

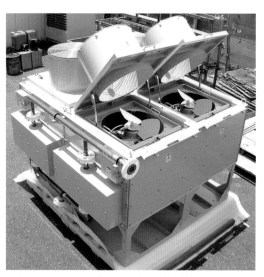

東京スカイツリーに設置された空冷式熱交換器ユニット

設計開発の打ち合わせをする風景

最新ロボットを導入テスト試験中

営業部員の様子

協働ロボットを導入

　一方、量産モノを避け、多品種、小ロットのオーダーメイドに特化することは、製造工程の多くが手作業に委ねられることを意味する。属人的な技術とノウハウによって支えられるモノづくりだからこそ、他社が容易に参入してこられないというメリットがある。このため社員の成長を全面支援し、「講習会やセミナーなどの自主的な学びを却下したことはない」とか。とはいえ、「すべてを人手作業で続けていくのは限界。働き方改革を踏まえて生産技術を高めていくためにも、できるとこ

ろは自動化、機械化を進めていく」（中山社長）として、2020年4月に導入したのが協働ロボット。これまで手作業で行ってきたアルミフィンの積層作業を専用開発した自動供給装置とロボットで完全自動化し、生産リードタイムを大幅に改善した。将来を見据えた先行投資的な意味あいもあるが、他の製造工程でも自動化を模索していく。

　5年前には、経営理念を刷新し、「熱交換器を通じ、人と社会に快適環境を」とするコーポレートスローガンを掲げた。中山社長は「熱交換器の製造に携わっていても、その熱交換器が実際どのよ

うな用途に使われるのか、分からないケースも少なくない。社員には食の安心・安全や快適な環境、あるいは高精度な製品サービスづくりに貢献しているという誇りを持ってもらいたい」と、スローガン制定の理由を説明する。食品関係や、半導体製造装置、医療機器のみならず、AIやIoTに代表されるデジタル化の進展や脱炭素社会の実現に向けて、避けて通れない課題となるのが熱対策。サンライズ工業のフィールドが一段と広がるのは間違いない。熱交換器による同社の冷却、空調技術が、大いに期待される社会が到来しつつあると言えるだろう。

| わ | が | 社 | を | 語 | る |

代表取締役社長
中山 晃宏氏

熱交換器を通じ、人と社会に役立つモノづくりに挑む

　当社は1968年の設立以来、業務用熱交換器の専門メーカーとして成長して参りました。

　お客様の多様なニーズにお応え出来る様、技術開発力・生産技術力を高めつつ、「個別対応型少量多品種生産」・「開発指向型 OEM 生産」を軸に、熱交換器はもとより、冷凍空調機器・医療理化学機器等についても企画・設計から試作・量産まで一貫して、迅速に

対応できる体制を確立して参りました。

　SDGsや脱炭素など世界的に社会ニーズが大きく変わりつつあるなか、熱交換器を手掛ける当社は、今日まで50年以上掛けて培い蓄積してきた「力」と「スピード」を駆使して、これからも熱交換器を通じ、人と社会に役立つ新たなモノづくりの挑戦を続けて参ります。

会社 DATA	
所　在　地	埼玉県越谷市川柳町2-546
設　　　立	1968（昭和43）年7月6日
代　表　者	中山 晃宏
資　本　金	8,800万円
売　上　高	25億円（2021年6月期）
従 業 員 数	140名（2021年6月期）
事 業 内 容	冷凍空調用熱交換器・冷凍空調機器・医療理化学機器の設計、開発および製造
Ｕ　Ｒ　Ｌ	https://www.sunrise.gr.jp

▲株式会社昭和真空

真空一筋、真空技術を掘り下げて先端産業を支える
──「ニッチトップの雄」として、独自製品を次々生み出す

ここに注目!　世界シェア90%の水晶振動子「周波数調節装置」
大学、企業との共同研究等で持ち込まれたシーズ(「種」)を先端デバイス製造装置に変換

明治製菓(現明治)、大正製薬、昭和電工など、社名に年号を採り入れた有力企業は少なくない。昭和生まれの「真空技術をキーテクノロジーとする電子部品用薄膜装置メーカー」である昭和真空も、その1社。同社は"年号企業"の先輩たちと同様に、刻んだ歴史が積み上げた技術・ノウハウを、次代を切り開く先端テクノロジーに昇華させ、令和の今を疾走している。

真空には、蒸発しやすい、放電しやすい、酸素がない、対流がないといった性質がある。それらの性質を生かした真空蒸着、スパッタリング(プラズマを用いた成膜手法)、真空断熱、真空包装、真空冶金など多種多様な技術が開発・実用化されている。

戦後復興期の昭和28年(1953年)、前身となる小俣真空機器研究所が発足。以来、70年近くにわたって真空技術一筋、真空を深掘りして今日に至るのが昭和真空である。特に真空蒸着やスパッタリングなど成膜技術を得意とし、現在は、成膜工程が不可欠な水晶デバイス関連と光学関連を主力2分野としている。ひとつずつ見ていこう。

「産業の塩」づくりに貢献

水晶デバイスとは、圧電現象(圧力を加えると電圧が発生する現象)と呼ばれる水晶の電気的特性を利用する水晶振動子、水晶発振器などの総称。各種電子機器に欠かせないことから「産業の塩」とも言われている。その塩づくりの際、大きな役割を担うのが真空技術で、同社では真空技術に基づく各種の水晶デバイス製造用装置をラインナップし、高いシェアを誇っている。

光学関連では、高画質化、小型化、低コスト化がキーワードの光学関連製品にフィットする装置の数々を開発し製品化している。代表例がスマートフォンのマイクロカメラレンズ向け反射防止成膜用装置で、ガラスからプラスチックへと素材が変わったカメラレンズに対応し、需要は拡大するばかり。

同社の経営戦略は明確だ。「成長するニッチ市場へのフォーカス」「技術力による差別化と独自性発揮」「徹底したコストダウンによる価格競争力の実現」の三つを打ち出し、その有言実行に徹している。水晶振動子製造工程用「高精度周波数調整装置」で世界シェア90%を獲得しているのが有言実行の証しとなる。同装置が高く評価され、同社は経済産業省選定の2020年グローバルニッチトップ企業100選に選ばれている。

「種」を探し「芽」を育て「実」を結ぶ

2020年3月、本社工場内に新

スマート社会のその先へ　真空技術で支える豊かな未来
同社のテクノロジーは多くの人々の生活の一部としてスマート社会にとけ込んでいる

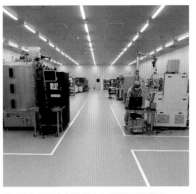

2020年3月より稼働した新研究開発棟（外観）

2020年3月より稼働した新研究開発棟
（内部クリーンルーム）

たな研究棟を建設し稼働させた。同研究棟では大学や企業との共同研究に力を入れている。現在、複数の大学と共同研究を手がけており、企業との間では、依頼実験の受託や多くの共同研究・開発が、常時、同時並行で進んでいる。

小俣社長は、共同研究について「お客様から持ち込まれた『種』を、技術力により『芽』に育成し『実り』につなげるのが狙い」と説明する。

同社が手がける真空関連事業の技術領域は幅広い。応用物理、化学系から、ロボット搬送等のメカトロ系、自動制御に係る電気系、AI（人工知能）といった電子・コンピューター系まで、学際的あるいは業際的な多彩な技術・知識が、同社製品の礎となっている。そのため、リクルート面では理系学生を中心に学部を問わず広く募集中。営業や管理系で活躍する文系学生の採用にも力を入れている。

教育に関しては、OJTを基本に、業界団体である日本真空工業会や所属するアルバックグループの中核会社である株式会社アルバックの研修カリキュラムなども活用し、実践的、効果的な人材育成策を進めている。「まず、挨拶からと、挨拶が基本の企業文化を築いている。一方で、個性や多様性を重視しており、天才肌のオタク的な社員も活躍している」（小俣社長）。

昭和、平成に次ぐ令和の時代を迎えても、昭和真空の名は、少しも色あせず、むしろその輝きは増すばかりだ。

｜わ｜が｜社｜を｜語｜る｜

代表取締役社長
小俣 邦正氏

5G/6GやEVでも大きな役割担う

世界の一流企業で最先端の技術開発に取り組んでいる人たちと一緒になって仕事をするため、やりがいとプライドを感じている社員が少なくありません。5G/6G（第5世代／第6世代移動通信システム）の無線通信や、車のEV（電気自動車）化・自動運転化といった最先端の産業領域に欠かせない役割を担うのが当社の技術であり製品です。

今後もその役割を担うには、技術開発力の強化と、社員それぞれの仕事に対する「本気度」の二つが欠かせません。二つを後押しし実現するための施策を講じるのが私の務めだと考えています。社会教育家の後藤静香さんが「本気」という詩を書いています。以下が全文で、この詩は昭和真空とそこに働く社員の理想の姿を表していると惚れ込んでいます。

本気ですると、たいていの事はできる／本気ですれば、なんでも面白い／本気でしていると、だれかが助けてくれる／人間を幸福にするために本気ではたらいているものは、みんな幸福で、みんなえらい

会社DATA	
所 在 地	神奈川県相模原市中央区田名3062-10
創 業	1953（昭和28）年9月
代 表 者	小俣 邦正
資 本 金	21億7,700万円（東証JASDAQ上場）
従業員数	連結：244名（2021年3月末現在）
事業内容	真空技術応用装置の製造・販売、関連サービス
U R L	https://www.showashinku.co.jp

▲シンフォニア テクノロジー株式会社

一歩先を行く技術開発スピリットで人と社会に貢献
——宇宙、半導体から自動車、社会インフラまで100年超の多彩なモノづくり

ここに注目！

多様な分野のナンバーワン製品を多く有する圧倒的な技術力
少数精鋭の陣容ゆえに若手からでも活躍できる社内環境

一見まとまりがなく、これが一つの企業の事業ユニットなのかと思ってしまう。連結売上高1000億円弱、単体社員数2000人弱で、12もの事業ユニットを展開する中堅電機メーカー・シンフォニアテクノロジー株式会社だ。幅広い事業分野ゆえに業界トップ製品がないと思う人も多いと思うが、同社には圧倒的強さのナンバーワン製品がある。背景には、新たなことに挑戦し続けるスピリットがあるのだ。電磁力、制御、搬送といったコア技術をベー

創業当時のシンフォニアテクノロジー（三重県・鳥羽）

スに、1917（大正6）年の創業以来、つねに「一歩先を行く技術」で多彩な製品を送り出し、技術オリエンテッドで社会に貢献してきたシンフォニアテクノロジー。豊かな社会を導く百花繚乱の製品群がいま、見事なシンフォニーを奏でている。

航空宇宙、半導体、自動車、FAなどのハイテク分野から、鉄道、空港・港湾、上下水道などの社会インフラまで、シンフォニアの活躍の場は幅広い。なかでも現在多忙を極めているのが、半導体製造用のクリーン搬送装置。ウェーハを半導体製造装置に送り込むためのロードポートと呼ばれる製品で、内部を窒素で満たしクリーン度を高める独自機構の開発などによりトップシェアを有する。2020年1月には豊橋製作所内の工場を増設し、タイの生産拠点を含め、現在までフル稼働が続いている。同じく好調なのがモーションシステム事業のダイレクトドラ

イブモータ。ミクロン単位の精密な位置決めが可能なことから、液晶パネルなどIoT関連製品の製造現場で需要が伸びている。

圧倒的な強みを持つ製品が多数

長く、圧倒的な強みを持つ製品もある。代表格は戦前のほとんどの軍用機に搭載された航空機用電源システム。戦後も国内唯一の航空機用電源システムメーカーとしてのポジションを確保する一方、宇宙分野にも進出し、JAXAの打ち上げるロケットすべてに同社製の姿勢制御用アクチュエータが採用されるなど、最先端分野で確実に実績を積み重ねている。このほか鉄道車両の安全運行に欠かせない車両制御用ブレーキシステムや、各種FA機器用クラッチ・ブレーキ、食品加工からリサイクル分野向け振動搬送装置などの事業ユニットでも数多くのトップシェア製品を持つ。最近はハードビジ

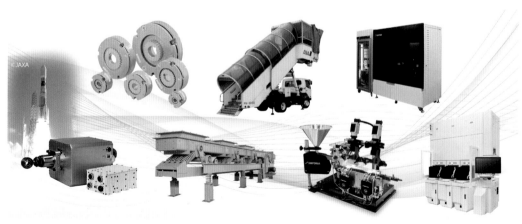

様々なフィールドで活躍する多彩な製品

営業に携わる若手営業担当

開発に携わる若手技術者

国内開発・生産拠点の豊橋製作所（左）伊勢製作所（右）

ネスだけに留まらず、デジタル技術を用いた新たなソリューション製品を生み出すなどの動きが活発で、「製品技術を進化させ、一歩先を行く技術開発スピリットが当社のDNA」（嶽本幸一広報宣伝グループ長）という。戦前に製品化したレジスタが進化と変遷を経て、現在のプリンタシステムにつながっているのは、その典型と言える。

そんなDNAの源流は、創業時代に遡る。船舶用電機製品の自給化を目指した当時日本一の総合商社、鈴木商店系列の鳥羽造船所が、船舶用発電機を内製したのが同社の始まりだ。創業者の一人、小田嶋修三氏は、1年半の欧米視察で、特色のある製品の必要性を

実感。航空機用発電機や蓄電池式運搬車などの開発にいち早く取り組んだことが、同社の技術開発スピリッツの基礎となった。その後、1936年に納入した電気バスをはじめ、戦後も神鋼電機としてユニークな商品を打ち出し続けた。

同社のDNAに宿る飽くなき挑戦は、再生医療や農業分野にも進み始めた。神戸医療産業都市推進機構との共同開発による自動細胞培養装置は、自社のロボット搬送技術を応用し、剥離・収穫までの細胞培養プロセスを自動化できる期待の製品だ。近く英国で臨床試験に入る。農業分野では、豊橋技術科学大学と5年間の包括協定を結び、AIやIoT技術を用いた自動搬

送機や植物工場システムなどの開発を通じて、農業従事者の高齢化に直面する地域農業を支えていく。

教育や働く環境整備にも注力

創業2年後の1919年には職工訓練所なる企業内学校を開設、技能だけでなくモラル教育にも力を入れるなど、人の教育に熱心な会社でもある。平均年齢39.3歳と製造系では珍しく30台をキープする一方、女性社員の育休復帰率は100％を誇る。少数精鋭が基本なだけに、挑戦意欲さえあれば若手でも活躍できる環境がある。創業100年を迎えたシンフォニアテクノロジーは、次の100年に向けて一歩も二歩も先を行く技術を見せてくれるだろう。

｜わ｜が｜社｜を｜語｜る｜

代表取締役社長
斉藤 文則氏

「何にでも挑戦させてくれる」という企業風土、DNAが息づく

当社には、船舶用電装品の製作を開始した創業時から100年が経過した今日まで、時代の潮流の「一歩先を行く技術」を追求するDNAが息づいています。その背景には、「何にでも挑戦させてくれる」という企業風土があると考えています。

私自身も、若手社員の頃に「やりたいことがあれば、NOから入らず、何にでも挑戦させてくれる」という体験を幾度も経験しました。先輩社員や同僚達も同じよう

な経験をしています。当時から、時代は移り変わりましたが、この風土、DNAは、しっかりと受け継がれています。

当社は、半導体から宇宙まで多種多様な事業があり、若い社員がチャレンジできる風土と、人財を大切に育てる教育環境があります。共に研鑽し、共に失敗し、そして共に喜び合いながら人と企業が成長できる環境の整備に、これからも取り組んでまいります。

会社 DATA

所 在 地：東京都港区芝大門1-1-30　芝NBFタワー
創　　　業：1917（大正6）年5月
代 表 者：斉藤 文則
資 本 金：101億5,696万円（東証1部上場）
従 業 員 数：連結：3,659人　単独：1,918人（2021年3月末現在）
事 業 内 容：クリーン搬送機器、航空宇宙用電子機器、大型搬送システム、クラッチ・ブレーキ、モーションシステム、車両制御機器、プリンタシステム、自動車用試験装置、振動機、パーツフィーダ、産業インフラ、社会インフラ関連製品の製造販売など
拠　　　点：国内23拠点（うち生産拠点は3拠点）海外10拠点（グループ会社）
U R L：https://www.sinfo-t.jp

▲ 株式会社竹森工業

1966年創業、顧客から品質で選ばれる大型タンクメーカー
──技術力に強み、設計・製作から現場据え付けまでの一貫体制でニーズに即応

ここに注目！

2020年、創業者の竹森要氏が会長に退き、長女の村中美香氏が社長に
施工管理技士、溶接技能・管理者ら多数の有資格者、資格取得費用は会社が負担

株式会社竹森工業は大型のタンク、サイロ、各種製缶などの有力メーカーだ。その製品は発電所、ガス会社、製鉄所、化学工場、食品工場、環境施設、下水処理場、製油所など毎日の暮らしや、環境保全に欠かすことのできない様々な施設で使われている。創業は1966年。創業者の竹森要氏が20歳で事業を興し、設計・製作から現場据え付けまでの一貫した業務によって、顧客ニーズにスピーディーに応えられる体制を築き上げた。竹森要氏は創業55年の2020年12月、代表取締役を長女の村中美香氏に譲り、取締役会長に退いた。村中社長は「品質、技術力、人の信頼を付加価値にして、顧客から一層評価され選ばれるタンクメーカーへ」と方向性を語る。バトンは渡された。

79種類もの有資格者が在籍、大型の下水処理設備を各地へ納入

「大型のタンクは、工場で製作班が高精度の部材をつくるから、現地で現場班が組み立てられる。

溶接は熱との戦い。いかに熱影響を抑え、歪みを取り除くか。これまでの経験と、熟練工の確かな技術力で、高い品質評価を受けている」「手溶接したテスト部材を出したら、"本当に手でやったのか"と言われたこともある」と、村中社長は品質に自信を示す。

その背景には、社員が日々鍛錬し、技術を磨いていることがある。「数人の製作班をいくつかつくって、隣の班に負けないように切磋琢磨する。勉強会を開き、職種別キャリアの目安をつくって資格取得をしている」（村中社長）。

竹森工業の有資格者リストをみると、79種類に及ぶ資格が並んでいる。特徴的なのは「講習会費用とその日当、更新管理費用を含め、費用は全額、会社が負担している」（同）ことだ。国家資格レベルの資格には「報奨金を出す」（同）仕組みも設けている。一般的に資格取得の会社補助は、取得時に費用の半額を補助するケースが多く、竹森工業の技術に対する思いが伝わってくる。

具体的な受注案件では、2012

年の東日本大震災後に耐震基準が改正され、強度不足となった既設球形タンクの耐震補強工事が続いている。また、消化槽やガスタンク、吸着塔（下水処理場で発生する汚泥を発酵させてメタンガスを回収、エネルギーとして再生利用する消化ガス発電の設備）は千葉のほか、埼玉、静岡、愛知、兵庫、熊本の下水処理場に納入している。パンの原料となる小麦粉のサイロ、醤油の原料となる大豆のサイロ、ペットボトルをリサイクルするためのフレークチップサイロ、水族館の水処理用濾過機、さらに自衛隊の航空機用の燃料タンク（地上式、覆土式、地中式）もある。

モノづくりが大好きな大卒理工系の入社を望む

村中社長に課題を聞くと、「現場からのボトムアップと、模倣困難な強みの伝承」との答えが返ってきた。オーナー会社の大半はトップが引っ張る構図で、従業員はトップ任せになりやすい。しかし、いまは「暗黙知を皮膚感覚で

消化槽

サイロ

球形ガスホルダー

白井工場工場内全景

製作メンバー

理解しているベテランから技術を引き継ぎ、自分たちが次世代を担うという思いを持っている」(同)と手応えを感じている。

悩みがあるとすれば、採用だろう。技術者の採用は、船橋高等技術専門校(千葉県船橋市)、日本溶接構造専門学校(川崎市)のルートがある。2020年はベトナム人の正規雇用3人を含め、計5人を採用した。今後は管理職候補となる大卒理工系の募集も本格的に行う。村中社長は「モノづくりが好きな人で、施工管理やプラント関連の仕事をしたいという方は、ぜひ応募してほしい」と"モノづくり大好き人間"の仲間入りを望んでいる。

竹森工業の経営理念は「誠心誠意」「知恵と技術」「人間尊重」「社会奉仕」。村中社長は「人とのつながりを大切にし、信頼される人の集合体として信頼される会社をこれまで築き上げてきた。きれいな製品はきれいな工場から生まれるとの考えから5S(整理・整頓・清掃・清潔・しつけ)を徹底。工場は皆がきれいにしているし、従業員の挨拶も気持ちが良い。働きやすい環境を積極的に整えているので、定着率は高い」とアピールしている。

2021年2月期の売上高は約20億円。「コロナ禍で工事の延期もあったが、売り上げ計上が完成工事引き渡し基準のため、期の後半に完成工事が増え、着地点は前年程度に収まった」(村中社長)。今後については「売り上げを伸ばすより質を高めたい。そのためにモノづくり体系の再構築を図っていく」(同)と筋肉質な会社を目指す方針だ。

|わ|が|社|を|語|る|

代表取締役
村中 美香氏

安全・安心な社会、持続可能な社会へ貢献し続ける

竹森工業は、社会に密着した仕事をしている会社です。ESG(環境、社会、企業統治)経営はもちろん、2030年をゴールとするSDGs(持続可能な開発目標)にも深くかかわり、二酸化炭素(CO_2)を排出しない設備を志向しています。安心・安全に暮らせる社会、持続可能な社会に向け、これからも貢献し続けます。

千葉県の「"社員いきいき！元気な企業"宣言企業」に登録され、健康経営優良法人としての認定も受けています。ゼロから手掛けたものが形になって世の中に存在していく。受け継がれていく。子供たちにも自慢できる。それは、世の中に貢献するやりがいのある仕事です。モノづくりが好きな人はぜひ、一緒に仕事をしませんか？お待ちしています。

会社 DATA	
所　在　地	千葉県鎌ケ谷市東道野辺7-18-25
創　　　業	1966(昭和41)年4月
設　　　立	1969(昭和44)年7月
代　表　者	村中 美香
資　本　金	3,500万円
従業員数	80名(2021年2月末現在)
事業内容	ステンレス鋼(SUS)および炭素鋼(CS)製タンク・サイロ・圧力容器・製缶品・配管工事・水処理機器・熱交換器ほか設計・工場製作から現場据付工事までの一貫業務。耐食合金(MAT21・ハステロイ)、チタンクラッドなど特殊鋼材にも対応
U　R　L	http://www.takemori.co.jp/

ITソリューション

社会インフラ

商社・サービス

建設・不動産

株式会社ツガワ

身近な装置を数多く手掛ける国内有数の隠れたメーカー
——高品質、短納期、低価格を軸に多様な製品づくりを全面サポート

ここに注目！ 製品の開発・設計から製造・物流・保守まで行う一貫生産体制
グループパートナー企業との連携による広域へ渡る対応力

街で目にする鉄道のホームドア、自動販売機、宅配ボックス、業務用エンターテインメント機器、EV充電器。これらの身近な製品の多くに携わっているのが株式会社ツガワだ。ツガワの社名を日常生活の中で目にすることはないが、同社は受託開発生産専門会社という形で実に多くの製品を社会に届けている。1953年の創業当初は、電話の受話器の部品の板金加工を手掛けていたが、今では鉄道・医療・半導体など幅広い分野で日本のモノづくりの舞台裏を支える国内有数の企業となった。創業以来半世紀、脈々と受け継がれてきた「こだわりのモノづくり」によって、顧客が求めるニーズを徹底追及するとともに、他社には容易に真似できない高度なソリューションを提供してきた。

EDMSを網羅したトータルパワー

最大の特徴は、みずからをEDMSカンパニーと掲げる独自のビジネスモデル。EDMSとはEngineering(技術力)、Design(開発・設計力)、Management(管理力)Solution(問題解決力)の頭文字を取ったもので、顧客の多様な要求に応えるべく開発・設計から板金加工・金型・塗装・組立・物流・保守メンテまでの全工程をワンストップでこなせる力を意味する。

通常のOEM生産では、顧客から設計図面をもらって製造するのが一般的だが、同社は顧客の企画・仕様に対して開発・設計段階から業務を請け負える。さらに素材や部品調達も自社で手掛けるため、他社に比べ最終製品に至るまでの期間を大幅に短縮できる。八重柏光晴取締役常務執行役員は、「全工程を自社ネットワークで遂行することによって、開発・設計・調達・生産までものによっては約半年間で製品化できる」と説明、スピード経営を身上としている。

特に変化の激しい市場では、いち早く製品を投入することが至上命題だ。ツガワはEDMSの力を通じてさまざまな製品開発ニーズに迅速対応することで、顧客からの信頼と評価を高めてきた。

一方でEDMSカンパニーを実現するには、自社内の生産はもちろん、素材から一つひとつの部品調達まで、万全の生産体制が必要になる。このためツガワグループ内での連携を強化するとともに、最近はグループ以外の優れたパートナー企業とのネットワークも積極化している。例えば、安全面から普及が待たれる鉄道のホームドア。東日本を中心にビジネスを広げてきた同社だが、関西を地盤とする鉄道会社の受注が増えてきたのをきっかけに、西日本でのパートナー企業との提携を本格的に進め、優れたパートナー企業の技術と遊休資産を有効活用することによって、西日本での〝地産地消〟を実現している。現在パートナー

電着塗装

水性塗装

粉体塗装

環境に配慮した塗装

北上工場に導入したファイバーレーザー溶接ロボットシステム

営業・開発拠点でもある本社ビル

自社製品開発も積極化
写真は空中浮遊ディスプレイ

企業は全国54拠点にまで拡大し、こうしたネットワークを活用することで事業の全国展開も視野に入れている。今後はITを活用し、工場を持たないファブレス生産やフレキシブルで迅速な生産体制を実現する「F–EDMS」という新たな事業モデルに挑戦。データによる遠隔生産管理を行うとともに、自社が持たない技術を持つパートナーとの連携により、今まで提供できなかった製品・ソリューションの実現を目指す。

デザインやソフトウェア開発も

自社の設備・人材への投資も進めている。塗装ラインの自動化による生産能力の強化や、2019年には大型前処理槽を持つ工場の新設により、大型装置の塗装や環境塗装にも対応できるようになった。同時に自社開発製品の取り組みをスタートし、すでに非接触型の空中浮遊ディスプレイなどを開発、メルセデス ミー 東京（六本木）の店舗内や生産拠点のある岩手県の施設で試験運用で導入予定である。「今後、岩手県の大学との連携を深め、県内にソフトウェア開発拠点を築く構想もある」(八重柏常務)としており、デザインやソフトウェア開発に関わる人材の獲得にも力を入れ、対応領域を一段と広げることによって、モノづくりのトータルソリューションカンパニーとしての力を強化していく。

| わ | が | 社 | を | 語 | る |

代表取締役社長
駒田 義和氏

変化を予測し、ニーズに反応し、フレキシブルに対応する

ツガワは創業以来、日本のモノづくり業界を舞台裏で支えてきたと存在であると自負しています。多様な製品を数多く受託生産してきた高度な設計開発・製造技術をベースに、品質・時間・価格のパフォーマンスを徹底追及した付加価値の高いソリューションを提供してきました。そこにはお客様に満足されるモノづくり、ツガワならではの「こだわりのモノづくり」が定着しています。

少子高齢社会の中で、日本のモノづくり業界自身も激変します。そこにもまた新たなニーズが生まれる可能性があります。ツガワは、こうした変化を予測し、そこに生まれるニーズにも敏感に反応し、フレキシブルに対応できる能力を高めていきます。

会社 DATA

所　在　地：神奈川県横浜市港北区新羽町1181番地
設　　　立：1953（昭和28）年6月
代　表　者：駒田 義和
資　本　金：3,500万円（グループ合計9,500万円）
売　上　高：連結・122.0億円（2021年5月期）
従業員数：614人（グループ合計）
事業内容：金融・流通端末、画像処理機・医療機器等の設計・製造、エンターテイメント機器等の設計・製造 OEM生産（開発、設計から完成品迄）、精密通信機部品の製作、精密プレス板金仕上加工など
U　R　L：http://www.tsugawa.com

◢東亜ディーケーケー株式会社

環境保全と医療に貢献する総合計測機器メーカー
——当期純利益は6期連続の最高益、単月黒字の連続記録を11年以上更新中

 ここに注目！ pH計やPM2.5測定装置、透析用薬剤溶解装置などで国内トップシェア
各国の法規制に対応した計測機器を海外40カ国に販売

物質に生じる電気化学の反応量を検出する電気化学センサをコア技術に、環境計測から科学分析、医療など幅広い分野で活躍している計測機器メーカーが、東亜ディーケーケー（東亜DKK）株式会社である。pH計は国内の清掃工場の排水水質測定器で半分以上、PM2.5測定装置などの環境用大気測定装置は国内シェア約6割、人工透析に使われる薬剤溶解装置は市場シェア7割（OEM含む）を獲得するなど、研究開発型企業として数々の独自製品を生み出してきた。製品は水道、電力、医療などライフラインを支える施設で使われており、取引先は官公庁をはじめ、幅広い業種の企業にわたる。環境保全と医療という世界共通の重要テーマに挑み続ける総合計測機器メーカーである。

環境から医療まで領域を拡大

2020年10月、東亜DKKは合併20周年を迎えた。1944年設立の東亜電波工業株式会社

（TOA）と、45年設立の電気化学計器株式会社（DKK）という二つの計測機器メーカーが合併し、東亜DKKが誕生した。創業間もない1954年に、のちのベストセラーとなる卓上型pH計（2014年「分析機器・科学機器遺産」に認定）を発売したほか、63年には日本初の大気中NO_x計を開発して大気分析機器分野に参入、70年には日本初の河川水質監視装置を開発するなど、独自のセンサ技術による製品開発が特長だ。さらに1979年には臨床検査機器の発売で生化学・医療関連機器分野への参入を果たした。そして合併後の2005年には水質分析計の世界トップブランドメーカーである米国ハック社と資本業務提携を締結し、2018年にはメタウォーター株式会社より水道用水質計事業を譲受するなど、事業基盤を強化させている。

最大の強みは、水、大気、医療、ガスの4本柱で、卓上機器からフィールド機器まで多様な計測

機器を提供している総合メーカーとしての力と、開発、製造、販売からアフターサービスまで含めた一貫体制。特に目立つのが補修部品や保守・修理等アフタービジネスの売上比率。売上高全体の半分近くを占めており、機器販売だけでなく全国11カ所の営業拠点とサービス子会社によるきめ細かい顧客対応が、同社の収益安定化に大きく貢献していると言える。最近は、IoTを用いた遠隔監視、リモートメンテナンスが可能な水質計を拡販するなどアフタービジネスの拡大に注力している。そして成長分野として位置づけているのが医療分野。透析治療に関わる機器で実績を重ねてきたが、2017年に医療関連機器の新生産棟を稼働させ、透析用剤溶解装置の増産と新製品開発を加速化し、次の成長を呼び込む。

アジアの水質汚染、大気汚染に対応

「世界に選ばれる製品を生み出

勤続年数は、男性18.0年、女性18.6年と働きやすい職場環境だ

アジア最大級の分析機器・科学機器専門展示会「JASIS 2020」など国内外の各種展示会に出展

安全でおいしい水道水に必要な7つの検査項目を自動計測する装置で水道管路のいたるところに設置されている

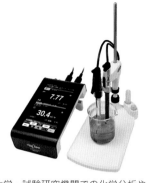
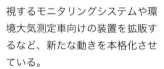

大学・試験研究機関での化学分析や、生産ラインでの品質管理など主に実験室で使用される卓上型水質計

PM2.5測定装置は国内シェア約6割を誇り、韓国国家認証を取得するなど海外市場へも展開中

し、グローバルな競争力のあるブランド構築を目指す」(高橋社長)として、環境規制が強化されつつあるアジアを中心に、各国の法規制に対応する製品を開発し、海外事業の拡大も掲げる。提携しているハック社の中国現地法人を通じて10年以上前から河川の水質モニタリング用水質計を販売し、中国向け事業は大きく成長。また国内トップシェアを持つPM2.5測定装置の韓国対応モデルを韓国の地下鉄・仁川国際空港に納めたほか、インドでは大気汚染物質を監視するモニタリングシステムや環境大気測定車向けの装置を拡販するなど、新たな動きを本格化させている。

ESG経営や働き方改革にも余念がない。脱炭素化の取り組みとして、2021年度中に、再エネ電力への切り替えやJ-クレジット制度を活用し、グループ全社の使用電力から発生するCO_2排出量の実質ゼロを目指す。また働きやすい職場環境づくりにも積極的に取り組んでおり、2018年に女性活躍推進優良企業「えるぼし(3

つ星)」認定、2019年には健康優良企業「銀の認定」を取得。在宅勤務や時差出勤、時間単位の有給休暇制度も導入しており、残業時間の低減(2020年度平均残業時間5.1h/人・月)や有給休暇の取得奨励(2020年度有休取得率69.2%)でワークライフバランスの実現を推進中。働く環境の整備とともに国際的に活躍するための人材育成を通じて、地球環境の保全と人にやさしい社会の実現に向けて貢献し続ける東亜DKKを目指していく。

|わ|が|社|を|語|る|

代表取締役社長
高橋 俊夫氏

コア技術を磨き、医療や畜産などの新分野で革新製品を生み出す

当社の製品を目にする機会は少ないと思いますが、当社グループは、環境大気の測定や水道水質の監視などで皆さまの生活の安全安心を見守っています。現在は、新たな事業の柱として、病気の早期発見につながる医療検査機器や、工業化が進む畜産業や農業での安全性・生産性の向上に寄与する計測機器開発と市場開拓を進めるなど、新たな成長に向けて取り組んでおります。これからも70年以上培ったコア技術をさらに磨き上げ、市場において「圧倒的なトップ」となりうる新製品を生み出すことで、環境・社会課題の解決に貢献してまいります。

会社 DATA	
所 在 地	東京都新宿区高田馬場1-29-10
創 立	1944(昭和19)年9月19日
代 表 者	高橋 俊夫
資 本 金	18億4,248万1千円(東証1部上場)
売 上 高	連結:159億88百万円(2021年3月期)
従業員数	連結:571名 単体:381名(2021年3月31日現在)
事業内容	計測機器(環境・プロセス分析機器、科学分析機器)の製造・販売、医療関連機器の製造・販売、計測機器の部品・消耗品の販売、計測機器のメンテナンス・修理、不動産賃貸事業
U R L	https://www.toadkk.co.jp

◢日学株式会社

教育現場や職場のコミュニケーションを支え、社会に貢献
——黒板やホワイトボードをICTと結び付け、さらなる事業拡大を目指す

ここに注目！ 企画開発・製造から安心安全の取り付けまで手がけ、老舗ならではの付加価値を創造
アジア市場で「ニチガク」ブランドの訴求拡大へ

日学株式会社は、学校やオフィスにある黒板、ホワイトボード、掲示板などのメーカー。おおよその売上比率は、教育向け4割、オフィス向け6割で、2022年に会社設立65年目に入る。木製黒板に比べてチョークの粉の発生が少なく、かつ耐久性と書き易さを追求して創業者が生み出した、業界初のホーロー黒板・白板の他、ホワイトボードに書いたものを印刷するコピーボード、現在学校現場でICT教材として活躍する、大型提示装置（電子黒板）の先駆けとなるインタラクティブ・ホワイトボードを大手企業と共同開発するなど、市場変化に合わせて新分野を開拓してきた。2020年からの新型コロナウイルス感染拡大の影響で、教育界、産業界ともにICTを使ったリモート授業・業務の拡大で対応する事例が相次いでいるが、同社はコロナ収束後を見据え、例えばサテライトオフィスなど働く場所が分散化しても製品の需要はあるとして、それぞれの場所に適した製品やICTと結び付けた商品を強化する考えだ。

独創的な製品の開発で市場を開拓。施工・取り付けも商品に位置付け、ユーザーの安全安心を向上

従来、黒板や白板の単品の販売が主だったが、学校やワークスペースの「壁」を人が直接行うコミュニケーションの場と捉え、壁全面に「書く」「消す」「映す」「掲示する」といった様々な機能を有した超薄型壁面ホワイトボード「SMW」を発売。さらに高層建築物などでの防災へのニーズに応えるため、2020年1月、国土交通省から不燃認定を受けた「不燃SMW」を発売し、業界のトップランナーとなっている。

同時に黒板、ホワイトボードに代表されるボード製品は、大勢のオーディエンスの凝視に堪えなければならないが、大型でも高い平滑性と耐久性、美しい表面の仕上がり精度へのユーザーの要求を実現していることは同社の強みの一つ。製品を壁面に取り付けることだけをとらえても、壁面を整え、落下などの事故を起こさない確実な取り付けは、ユーザーが快適・安全に製品を使う上での重要な業務。吉田社長は「製品販売だけでなく、設置・施工でも価値を生み出し、ユーザーの期待に応えていく」と強調する。

加えて、現在指向するのは、同業者連携とアジアを主とした海外展開。同業者連携では、後継者難や事業縮小を余儀なくされた同業者や、関連業者のパネル事業などを承継し、既存顧客への継続供給を実現。並行して同業者連携集団ともいえる組織を立ち上げ、業界の展望を開く商品研究のため、ともに知恵を絞る。

海外展開は、中国やインドネシアなどアジア市場開拓の強化を模索。中国福建省の厦門（アモイ）に100%出資の現地法人「厦門日学文教用品有限公司」をもち、中国国内に向けた「ジャパン・

「日学・黒板アート甲子園」2020最優秀賞 好文学園女子高校（大阪市）表彰式

不燃SMW 壁などのスペースを有効活用できる壁面ホワイトボードの不燃版

メタルライン　インテリア性の高いフレームレス設計のスタイリッシュなホワイトボード

アクティボ　キャスターで楽に移動でき、仕切りにも活用できる縦型ホワイトボード

ヴァンテアン　飛沫拡散防止でき、耐衝撃性・透明性に優れ、清掃し易いパーテーション

クォリティ」を発信し、現地の大学などをユーザーとする。ニーズに応えて高品質・高付加価値のMade in Japan製品と、品質を維持しつつ低価格を実現した厦門日学製品を使い分け、他のアジア諸国へ進出を目指す。

「日学・黒板アート甲子園」で文化−芸術を支援。企業理念も策定し、社員教育改革を加速

日学のメセナ活動「日学・黒板アート甲子園®」は、既に定着した取り組みだが、学生向けコンテストの多くがコロナ禍で中止になる中、2020年に第6回大会を開催した。多くの中高校生たちにとって「学校生活における良い動機付けとなった」など学校関係者からの感謝の声も聞かれ、同大会は2021年も開催（作品募集中）している。

また2020年9月には企業理念を制定した。これまで掲げてきた創業者訓、経営理念、行動指針も含めて「日学フィロソフィー」として体系化し、企業理念では「わたしたちの大切な3つの想い−存在意義：社会のコミュニケーションを支え続けます／使命：変化に適応し、社会とともに成長していきます／行動：率先して考え、責任感をもって行動します」を掲げた。これに沿って社員を育成する方針であり、経営者は「社員の幸福を追求」し、従業員は「社会のコミュニケーションを支える」ことでそれに応えるというサイクルを常に回し、社会に必要とされる企業であり続けることを目指している。

| わ | が | 社 | を | 語 | る |

代表取締役社長
吉田 朋弘氏

人が基本。一緒に社会のコミュニケーションを支え続けましょう

当社が主力とする黒板やホワイトボードは永遠のメディアの一つだと考えます。

新型コロナウイルスの蔓延によって、人と人とが直接向き合ってコミュニケーションをとる大事さが、改めて認識できたのではないでしょうか。

100年、200年先まで企業は永続することで価値を発揮します。裏を返せば社会に必要とされている証です。そのためには将来を切り拓く企画力が求められるわけで、周囲を巻き込んで「現状を変えること」「新しいチャレンジ」「全員でお祭り騒ぎ」が大好きで、ユニークな行動ができる人に来ていただきたい。企業も社会も国も「人」が基本で、永く栄えるには教育が重要です。そこに共感してくれる仲間とともに、社会のコミュニケーションを支え続けます。

会社DATA

所 在 地：東京都品川区大井1-49-15　YK-17ビル
設　　立：1957（昭和32）年9月設立
代 表 者：吉田 朋弘
資 本 金：5,000万円
従業員数：111名、グループ計167名（2021年8月1日現在）
事業内容：ホワイトボード、黒板、電子黒板、掲示板など学校・公共施設・オフィス向け関連用品の製造販売施工、ボード設備の製造販売
U R L：https://www.nichigaku.co.jp/

日本シーム株式会社

廃材を"原材料"に変える廃プラ再生機械メーカー
──洗浄や選別も取り入れた高品質リサイクルを提案

ここに注目! 破砕から洗浄・選別までをパッケージ提案してブランドを確立
実証実験で課題をクリアし、次世代製品の開発を継続して行う

私たちの暮らしは様々なプラスチックに支えられている。それゆえ、プラスチック廃棄物もまた幅広い種類に及ぶ。ペットボトルやビニール袋、シャンプー容器といった家庭から出るプラスチックごみに加え、物流で用いるパレットやコンテナ、車のバンパーなど、産業廃棄物となるものも多い。日本シームは、これらの廃プラスチックをリサイクル可能にする"廃プラ再生機械"のトップメーカーだ。廃プラスチックをリサイクルが容易な高品質なフレーク（プラスチック薄片）に変える独自の粉砕機や洗浄機、選別機などを開発。設計・製造・販売・メンテナンスまで一貫体制で行い、再生プラントに高品質なリサイクルを提案することでこれまでに3000件以上に及ぶ機械導入実績を誇る。

機械のパッケージ化で
リサイクルを支援

1977年にプラスチック粉砕機の修理業として創業した同社。その後、機械の設計も手掛け、自社で開発した粉砕機の販売も始めた。「先代からずっと廃プラスチックのリサイクルに携わってきました」と木口達也社長は語る。だが、廃棄されたプラスチックを再び原材料として蘇らせるためには、切断や粉砕などの工程を経て、小さなフレークにする必要がある。また、プラスチックには、ポリスチレン（PS）やポリプロピレン（PP）、ポリ塩化ビニル（PVC）、ポリエチレンテレフタレート（PET）など様々な種類がある。種類ごとに選別し、汚れがないきれいなフレークになるように洗浄も欠かせない。質の高いリサイクルを実現するにはたくさんの工程があった。

そこで同社では粉砕機を軸に切断機や洗浄機、脱水機、選別機など、ひとつずつ開発の幅を広げ、すべての工程を機械で担えるように「廃プラ再生機のパッケージ化を進めた」（木口氏）。これにより、リサイクルの原材料としてより高品質なフレークが効率よく生み出せるようになる。同社では、プラスチック機械を単品で開発販売するだけでなく、再生プラントなどにパッケージとしての機械導入を提案。『容器包装リサイクル法』の施行や、環境問題への意識の高まりなど、時代の追い風も受けてプラントへの導入実績を積み上げていった。

ユニークな機械を
生み出す開発力

現在、同社は家庭用廃プラスチックの再生機械でシェア40%を誇るナンバーワン企業だ。再生機のパッケージに含まれる機械の

本社棟にはミーティング室や様々な処理物のサンプル、テスト環境を整備した展示室を整えている

洗浄粉砕機(テスト機)

水流式重比重選別機
「なるとオーシャン型」

新開発品　紙コップ等処理機
「紙パックン」

種類も豊富でユニークだ。

　例えば、金属付プラの洗浄粉砕機「メガホエール」は、廃自動車パーツや廃家電、プラパレットなどの金属付プラを原形のまま投入するだけで粗砕・粉砕・洗浄の3工程を同時処理できる。「なるとオーシャン」は、回転する水流で廃プラの泥や汚れを落としながら、PS・PVC・PETなどの破片をそれぞれに分離する水流式洗浄選別機だ。また、食品容器・食品パック分離機「ブンリィ」は、食品などの中身と容器を数秒で分離が可能だ。

　このように特殊な機械が開発で

きるのは、「開発設計から製造・販売・メンテナンスまで一貫体制で行っているから」と語る木口氏。同社では課題を解決する際、設計を含めた各部門から3人でチームを結成。機械の部品などを実際に作り、納得のいくまで実証実験を繰り返す。「硬いプラスチックを効果的に粉砕できる刃の形状や、プラスチックをPSやPVCなどの種類別に分離できる水流の加減など、社員たちの実験で判明したことが機械づくりに数多く活かされています」（木口氏）。

　社員が団結して課題に取り組

み、新たな機械を開発し続ける同社。一貫体制だからこそ得られる団結力と開発力が今までにない機械を生み出す原動力となっている。

　今、環境問題への関心は世界的に高く、SDGsなどの取り組みも広まってきた。今後はプラスチックのリサイクルへの動きもますます強まるだろう。その一方で私たちは豊かな生活を営み、多種多様なプラスチックを廃棄している。そんな今だからこそ、同社の力がこれまで以上に求められていると言えるだろう。

｜わ｜が｜社｜を｜語｜る｜

代表取締役
木口 達也氏

プラスチック機械の開発を通じて地球環境に貢献

　人類の永遠のテーマである、地球の環境問題。時代とともに、廃プラスチックの種類も多様化し知恵を絞って、リサイクルを行う時代に突入しています。"天然資源の枯渇"という大きな環境問題に立ち向かうため当社ができることは何か？——「次世代製品の開発を継続して行うこと」。このことが循環型社会を築く、少しの手助けとなればと考えています。

　私たちはプラスチック機械の専門メーカーとして様々な製品の再利用、再処理を有効にできる手段を追求し続け、粉砕、混合、洗浄等のリサイクル技術開発に従事してきました。様々な問題を抱えている混迷した時代を、これからもリサイクルとプラスチック生産に関連する「機械創り」を通して地球環境に貢献していきます。

会社DATA

所　在　地：埼玉県川口市安行北谷665
設　　　立：1979（昭和54）年5月5日（創業1977年）
代　表　者：木口 達也
資　本　金：8,304万円
従 業 員 数：45名
事 業 内 容：廃プラスチックのリサイクル用洗浄粉砕機の開発設計・製造・販売・システム提案
U　R　L：https://www.nihon-cim.co.jp/

日本伸管株式会社

アルミ引き抜き加工の技術・ノウハウを蓄積
—— 南極氷床の3,000m掘削に同社製パイプが挑戦

ここに注目！ OA機器、カメラをはじめ各種工業製品の重要部品を供給
パイプ＋組み立て加工で"第2創業"成し遂げる

社名が表す通り、管を伸ばす、つまり引き抜きと呼ばれる材料加工を主力事業としているのが日本伸管だ。引き抜きで製造したアルミパイプは各種工業製品の重要部品として幅広く使われ、南極大陸の氷床を3,000m掘削するドリルに用いられたりもしている。そんな同社が今、パイプの供給と併せて力を入れているのが組み立て加工の分野だ。細沼直泰社長は「組み立ては工夫できるところがたくさんあって面白い。社員がアイデアを出し合い、モノづくりを楽しんでいる」と、パイプ＋組み立て加工の2本柱の確立に自信を覗かせる。

同社は1967年に細沼現社長の父親が創業した。アルミの引き抜き加工を得意とし、半世紀余りに渡って右肩上がりの成長発展を遂げてきた。長年の取り組みにより技術・ノウハウを蓄積し、他社の追随を許さない加工レベルに至っている。その技術は世界的に評価され、英国やドイツ企業に技術供与した実績もある。

真円度、精度、偏肉率等に優れた同社製パイプは、OA機器、カメラ、農機具、自動車・二輪・鉄道、医療機器、家庭日用品など多種多様な製品に組み込まれ、各製品の高品質・高機能に寄与している。

72万年以上の太古の氷を採取する

南極の氷床掘削は、氷床奥深くの太古の氷を採取することで、太古の気象や大気成分を知り、気候変動等の研究に役立てるもの。国立極地研究所がこれまで2回実施。2回目の掘削時（2003〜2007年）には、同社製パイプの中に収められたドリルが、堅い氷床を3,028.52m掘り進み、72万年前の氷の採取に成功した。

極地研では2022年中に3度目の掘削を開始する計画で準備を急いでいる。2回目に続いて同社のパイプを組み込んだドリルの採用が決まっている。全長12m余り、直径13cm弱のこの細長いドリルは世界一のドリルと評価され、「日本伸管のパイプがあったからこそ…」と言われている。2007年以来、15年振りとなる氷床掘削では、世界記録となる100万年以上も前の氷の採取を目指す。

「素材屋から加工・組み立て屋といった領域にも挑戦している」。細沼社長は同社の近況をそう説明する。組み立ての一例が火吹き棒。パイプの穴に息を吹きつけ、火を起こすキャンプ用品の一

新しい仲間が加わり活気づく（入社2年目の青野さんと長沢さん）

一致団結できるのも強み

世界一の引き抜き技術

若手主体の開発会議

完成品の最終チェック

つだ。十八番（オハコ）のパイプづくりから表面加工、部品類の取り付け、パッケージングまで、すべて同社が手がけている。

「組み立ては面白い。社員一人ひとりが工夫を凝らして、楽しそうに取り組んでいるのがいい」（細沼社長）。細沼社長はソニーのエンジニアとして活躍し、犬型ロボット「AIBO」の開発に携わった経験も持つ。父親の後を継いだ2代目社長は、ソニーで培った知見を生かし、"第2創業"を成し遂げようとしている。

新卒も中途も女性も広く募集中

コロナ禍の影響は、ご多分に漏れず同社にも及び、2020年は苦戦を強いられた。しかし、2021年になると風向きが変わり、パートや派遣社員も動員したフル稼働状態に一変した。そのため、目下、リクルート活動に力を入れ、新卒、中途を問わず、広く人材を募集しているところだ。

入社2年目の社員、長沢勇大さん（開発部開発課）は「アルミを使った金属加工に興味があって入社した。一通り経験した社内研修は、どの学びもおもしろく、とくに異形引き抜きに強く惹かれた」と感想および仕事への意欲を語る。

同じく2年目社員、青野友紀さん（製造部製造課）は「一人で二役三役やるのが性に合っていて、大手企業より中堅中小の方が向いていると考えて入社した。実際、その通りでやりがいを感じてい

る」とやる気満々。細沼社長は「まだ女性が少ない職場なので、女性社員の意見を積極的に採り入れ、ジェンダーギャップをなくしていきたい」と、女性の活用にも目を向けている。

長年の安定顧客を抱える同社だが、一方で、時代のニーズを捉え、新たな顧客を開拓することが大きなテーマとなっている。そのための施策として営業力の強化に取り組み、営業部門と生産管理部門の役割分担を改めるなどの新方式を打ち出している。三浦裕之営業部長は「価格のたたき合いとなるような仕事ではなく、付加価値の高い新ジャンルを切り開く」と意気込んでいる。

|わ|が|社|を|語|る|

代表取締役社長
細沼 直泰氏

社員の挑戦をサポートし、仕事の楽しさ広める

モノづくりの技術は、実際にやってみないと分からないことが多いと思います。また、失敗を重ねて初めて身につくことが少なくありません。そういった観点から、装置でも材料でも何でも、社員が欲しがっているものにはできるだけ応え、新たな挑戦を支援するように心がけています。

若い人たちに仕事を任せるのも当社の特徴で、例えば、新たに導入するロ

ボット検査プロジェクトでは入社3年目の若手社員がリーダー役を務め、活躍してくれています。

会社の方向性としては、素材から加工、加工から組み立てへと舵を切っていて、将来的には完成品も手がけてみたいですね。そうなることで、社員一人ひとりの「仕事がおもしろい」といった思いがさらに強まれば、言うことなしです。

会社 DATA	
所 在 地	埼玉県新座市中野1-10-22
設 立	1967（昭和42）年9月
代 表 者	細沼 直泰
資 本 金	8,375万円
従 業 員 数	170名（2021年9月現在）
事 業 内 容	アルミ引抜管・棒の製造、アルミ部品の加工・組み立て、アルマイト処理
U R L	https://www.nihonshinkan.co.jp/

株式会社ハーベス

すぐ乾くフッ素系特殊潤滑剤のパイオニア
——多様な製品の動く部分を滑らかに、精密に、高品質に彩る立役者

ここに注目！　薄くて均一な潤滑膜を形成できる独自の高品質製造技術
次々と新製品、新事業を打ち立てる高い挑戦意欲と研究開発力

例えば自動車のエンジンスイッチ。押し込み時の滑らかなフィーリングは、裏側に塗布された特殊潤滑剤によって実現されるもの。ウインカーやワイパーレバーの押し下げ動作も同様だ。電気接点部でも使える特殊潤滑剤がしなやかな動きを可能にしている。ほかにもコンソールボックス、ドアミラーにシートレールなど、特殊潤滑剤は自動車装備品の随所に使われ、そのパイオニアとして活躍しているのが株式会社ハーベスである。

オートフォーカスカメラの採用でブレイク

1988年の会社設立とともに、特殊潤滑剤の事業化をスタート。まずは高性能フッ素グリース「HI-LUBE（ハイルーブ）」の販売を始めたが、4年後の1992年に開発した速乾性ドライ潤滑剤「DRYSURF（ドライサーフ）」が、オートフォーカス付きカメラの駆動部分に採用されたのをきっかけに、一気にビジネスを成長させてきた。創業者でもある前田知

憲社長は、「フッ素系ならではの速乾性と、薄くて均一な潤滑膜を形成できるのが最大の特長。さらに優れた温度特性や高耐久性、樹脂に影響しない汎用性といった利点も大きい」と説明する。カメラを皮切りに事務機、オーディオ機器、家電、住設機器などのセットメーカーが次々に採用に乗り出し、「現在の最大顧客は自動車業界になっている」（前田社長）。

一口に潤滑剤といっても、顧客の使用部位によって速乾性や濃度、耐久性など要求される仕様は様々。「HI-LUBE（ハイルーブ）」、「DRYSURF（ドライサーフ）」ともに、出荷する潤滑剤の多くは顧客の設計段階からカスタマイズしてスペックに合わせたオリジナル品。標準仕様の製品を大量出荷して収益につなげるビジネスモデルではなく、例えば、動きに微妙なフィーリングを持たせたいといった顧客の細かい要求があれば、それを的確に実現できる配合、調合技術がハーベスの強みでもある。

フッ素系特殊潤滑剤のパイオニアとして、着実に事業を拡大させ

てきたハーベス。メカニカルな動きを内蔵した製品がある限り、潤滑剤のニーズは存在するが、前田社長は「デジタル化の進展とともに市場自体はシュリンクしていくだろう」と見る。そうした環境変化に対応して早くから始めているのが、フッ素コーティング剤事業。電子基板の防湿コートやスマートフォンの耐指紋＆防汚コート、自動車フロントガラスやボディの高滑水・高耐久コーティングなどの用途開発を進め、すでに潤滑剤に次ぐ事業に成長させている。

一方、新型コロナ禍で売上を倍増させたのが包装充填事業。様々な原料を調合し容器類に自動充填して最終商品に仕上げる受託ビジネスで、昨年は除菌剤などの依頼が増加した。潤滑剤で培ったブレンド技術と高い品質管理体制を活用して受注を拡大、ハーベスの前期収益を下支えした。日本では珍しい天然炭酸水事業も、着実に伸長しつつある新規事業の一つだ。明治初期に愛飲されながら、搬出が困難なことから途絶えていた奥会津の天然炭酸水をハーベスが復

ハーベス本社

伊奈工場　F&Pファクトリー　ハーベスR&Dセンター全景

奥会津金山 天然炭酸の水

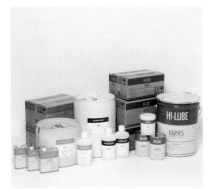
ハーベスが製造販売する潤滑剤

前髪専科

活させたもの。製造販売権を譲り受けて現地井戸の近くににボトリング工場を新設。純国産の微炭酸軟水「奥会津金山 天然炭酸の水」として、高級料亭など国内飲食店約500店舗に卸している。2016年のG7伊勢志摩サミット、2019年のG20大阪サミットでも採用されたブランド品でもある。2020年には、伊奈工場（埼玉県伊奈町）の敷地内に、研究開発拠点の「ハーベスR＆Dセンター」を開設し、化粧品事業をはじめとする新製品開発を一段と強化していく体制を整えた。

若手チームが働きやすさの改善提案

そんなハーベスの力の源泉は、社員一人ひとりの高いモチベーションにある。「社員満足度を高めることが第一。最近は生き生きと働いている社員が多い」（正木浩道取締役管理本部長）という。有給休暇の消化率7割以上や時間制有給休暇の導入に代表されるワークライフバランスの推進や、福利厚生、教育・研修支援制度の拡充に力を入れてきた。なかでも特徴的なのは働きやすさを追求するための若手チームが存在するこ

と。管理職を介在させず、若手だけで様々な改善提案を直接社長にぶつけることができる。その結果、会社公認サークルや社用車の休日貸出制度などを実現しているという。

会社の行動規範も、「社員のみんなで考え策定してもらった」（前田社長）そうで、社員の主体性を尊重する自由な社風が、ハーベスの持ち味。新卒採用を定期的に行い続けた結果、来年にも平均年齢は30歳代になる模様。若い力を中心に、今後もハーベスは新たな製品・サービスの開発に挑んでいく。

｜わ｜が｜社｜を｜語｜る｜

代表取締役
前田 知憲氏

社員第一主義を貫く

私たちは、特殊潤滑剤の専門メーカーとして、特殊グリースをはじめとする数多くの高性能・高品質潤滑剤を開発・供給し、自動車、電気・電子機器、光学機器、事務機など多様な製品の品質向上に貢献してきました。可動部分のある製品の大部分で潤滑剤が使用され、成長の可能性は無限に広がっておりますが、新規事業にも力を入れ、奥会津で湧く天然炭酸水の製造販売や、天然炭酸水を使用したスキンケア化粧品の開発販売も始めています。これからも、「社員とその家族の幸せを第一とし、社員に成長の機会を提供する」経営基本方針のもとで社員第一主義を貫き、時代を先取りする新分野・新事業へ果敢に挑戦していきます。

会社DATA	
設　　　立	：1988（昭和63）年4月14日
代　表　者	：前田 知憲
資　本　金	：5,250万円
売　上　高	：43億円（2021年3月期）
従業員数	：163名（2021年4月1日現在）
事業内容	：特殊潤滑剤・フッ素関連製品の製造・販売、顧客ブランドによる各種工業製品や日用品の包装・充填OEM、天然炭酸水・天然水の採取・販売・清涼飲料水の販売化粧品の企画・販売
U　R　L	：https://www.harves.co.jp

ハイテック精工株式会社

「熱処理」と「自動化システム」、2つの事業でモノの流れを創り出す
——モノづくりを陰から支えて半世紀、顧客と共に未来へ

ここに注目！ 匠の技術を持つ「熱処理」専門集団が全国から1個でもニーズに応える
ロボットやコンベアを駆使して一貫体制で「自動化システム」を構築

「熱処理」とは、金属に熱を加えて硬さや粘りなどの性質を与える加工技術だ。焼入れや焼戻しなど、様々な技法があり、金属製の部品や工具に熱処理加工を施すことで、強度を高めたり、寿命を長持ちさせたりできる。一方、「自動化システム」とは、工場などの生産工程の自動化を図るシステムのこと。いわゆるファクトリー・オートメーション（Factory Automation：FA）だ。ハイテック精工株式会社は、この2つの異なる事業を柱とし、半世紀以上も続くモノづくり企業だ。

Dr.熱処理軍団が全国からの熱処理を請負う

「当社はモノの流れを創り出す会社」と熊谷正喜社長は語る。熱処理はモノづくりにおける製品加工で、中間工程に該当する。その工程を同社が引受けることで、顧客は製品加工の作業負荷が減り、モノづくりの流れもスムーズになる。実際、熱処理を行うには、様々な種類の炉や焼入れ槽などの設備が必要で、高い技術と多額の設備投資がいる。そのため多品種少量の製品では、熱処理工程が負担になりかねない。そんな熱処理を一手に引き受けるのが同社の「熱処理事業部」だ。

熱処理事業部には、同社が半世紀に及ぶ経験で培った匠の技術を受け継ぐ熱処理専門の技術者が多数在籍。「Dr.熱処理軍団」と呼ばれる彼らは、熱処理認定技能士の資格を保有し、浸炭焼入や真空焼入、ソルトバスなど、様々な技法の熱処理に精通している。同社の工場では熱処理の技法ごとに加工ラインが区分されており、炉や焼入れ槽などの設備も完備。浸炭焼入ラインでは、長尺物の強靭性を上げる焼入れ・焼戻しなどの熱処理を行い、浸炭焼入から防炭処理、難度の高い熱処理、変形抑制、曲がり矯正など、幅広く高度な熱処理に対応する。また、真空焼入ラインでは、航空・宇宙分野にも対応する真空炉を有し、高真空度の状態で無酸化焼入が可能だ。「材質・形状・大きさによって最適な炉で、ニーズに合った熱処理ができる」と熊谷社長は明かす。

そんな熱処理事業部が手掛ける人気のサービスが「熱処理宅配便」だ。宅配便を活用して、国内なら全国どこからでも1個から短納期で熱処理に対応する。鍛造、プレス、切削用の工具、チャック、主軸などの機械部品、ステンレス、非鉄などの電子部品など、多岐にわたる熱処理が可能だ。「専用の小型焼戻し炉を多数設置して、少量からでもご要望に応えられる。熱処理の最終的な受け皿に当社がなる」（熊谷社長）。

さらに、「"全加工サービス"という新サービスも始めた」という

自動化システム事業部クリーン工場全景

浸炭熱処理炉

「ものづくり道場」講義

ロボットシステム装置

熊谷氏。これは切削→熱処理→研削→表面処理・コーティングなど、モノづくりに関わる加工の全工程を一括受託し、図面1枚から一貫した機械加工を行うというもの。同社と関係の深いモノづくり企業500社が連携したネットワークにより実現したサービスだ。モノづくりの中間工程に当たる熱処理を長年手掛けた同社だからこそ築けた全加工のネットワークと言える。

生産ラインの自動化でモノづくり企業の課題解決

一方、「自動化システム事業部」は、協働ロボットやセンサー、検査機、コンベアなどを組み合わせた自動化を提案する事業部だ。生産ラインに合ったコンベアをオーダーメイドで1台から製作したり、飲料ボトルの樹脂キャップ供給装置や研削盤給排装置など目的に合ったFA装置を開発したり、こちらの事業部も半世紀にわたる実績と経験がある。設計から組立、制御、調整、据付けまで社内で一貫して行っており、「ロボットシステムインテグレーターとして、モノの流れを創り出す、効果的な生産ラインを構築できる強みがある」と熊谷氏は語る。実際、

モノづくり企業にとって、人員不足、生産性向上、安全性改善など工場における課題は多い。同社では、既存のラインを統廃合して無駄なく稼働させるリモデルチェンジプランや、既存ラインの弱点を解消し、盤石な生産ラインで生産性を向上させるプランなど、要望に合った自由度の高いカスタマイズが可能だ。「熱処理」と「自動化システム」の半世紀に渡る知恵と技術の蓄積で、モノづくり企業を陰から支えるハイテック精工。次なる半世紀も同社はモノづくり企業とともに歩み続ける。

│わ│が│社│を│語│る│

代表取締役社長
熊谷 正喜氏

未来へ向けて共に成長するために

ハイテック精工は半世紀続くモノづくりの会社です。モノの流れを創り出す企業として、全国の生産現場に自動化を提供してきました。「設計から組立、制御、調整、据付け」まで、一貫して対応できることが評価され、現在に至ります。今、モノづくりの現場では、人員不足への対応に加え、安全性の向上が求められていますが、弊社はロボットシステムインテグレーターとして、豊富な搬送技術や最先端機器の利用技術を駆使してお客様のニーズを具現化しています。また、匠の技術を継承する熱処理事業では、全国どこからでも1個から、最高の技術を届けることでモノづくりに貢献しています。もう半世紀先の未来を目指し、これからもお客様と共に成長する企業でありたいと思います。

会社DATA

所 在 地：千葉県千葉市花見川区千種町62番地
設　　立：1964（昭和39）年12月
代 表 者：熊谷 正喜
資 本 金：5,100万円
従業員数：60名
事業内容：工具・金型・部品などの熱処理加工、搬送システム、部品供給装置など自動化システムの設計・製造・販売
U R L：http://www.hightech-seiko.co.jp/

株式会社不二製作所

取引先7500社を持つエアーブラストの専業メーカー
——無限の可能性を求めて探求を続ける技術集団

ここに注目！ 新技術と一品生産方式による高い顧客対応ソリューション
大型構造物から超精密加工まで拡大しつづける事業フィールド

　コンプレッサーで砂をガラス表面に吹き付けて模様をデザインするサンドブラスト（エアーブラスト）。観光地などで見られるガラス工芸の一種だ。このエアーブラストの原理を工業的に活用し、対象物に研磨材を噴き付けて削ったり、塗装をはがしたり、さらには表面を改質させて強度を上げたりする装置メーカーが、株式会社不二製作所である。累計販売台数3万4,000台、年間取引社数7,500社で国内シェアは約3割、国内特許保有件数は150件に及ぶ。専業メーカーとして創業から60余年、様々なブラストの新技術を生み出し、新たな需要開拓を次々に拡大して不二製作所は、2011年に上皇陛下がご視察されたこともある国内屈指のエアーブラストメーカーに成長した。

　エアーブラストは、圧縮空気の力で粒子（研磨材）を高速で噴きつけ、そのエネルギーによって対象物の表面状態を変化させるもの。バリ取り加工などのシンプルな用途以外にも、塗装を長持ちさせる下地の粗し加工、素地を傷付けることなく塗装だけを剥す塗膜剥離などで活躍しているほか、無数の小さな鋼球を打ち付けて自動車部品などの耐久性を高めるショットピーニング、プリント基板の微細な穴あけ加工など多種多様。最近では3Dプリンター造形品の仕上げ・磨きや、表面を滑らかにして水切れや粉切れを改善する「GEMINI処理」、半導体や電子部品の製造工程における超精密加工にも活用され、多様性、柔軟性のある特殊表面処理技術として脚光を浴びている。

研磨材は400種類以上

　原理は簡単だが、材質・硬さ・粒径・形状の異なる400種類以上の研磨材を取り揃え、多様な用途に応じた最適な研磨材を、デジタル制御の定量噴射も含め、自在にコントロールできるところに同社の強みがある。同社のコア技術である研磨材循環（噴射、回収、分級）のほか、加工するワークの投入、排出、前洗浄といった周辺

装置の設計開発も手掛けるなど、現場ニーズに徹底して向き合い、工夫と改善を積み重ねてきた。杉山博己社長は、「世の中の様々な課題やニーズを探索し、解決手段としてブラスト技術を提案し続けている。ブラストの世界は奥深い。自分たちがきちんと活動をしていけば、活躍できるフィールドは無限に存在する」と語る。

　その言葉を裏付けるのが、2030年3月期の売上高100億円を掲げた長期計画。前期比ほぼ倍増となる売上規模になるが、「決して無理な数字ではない」（杉山社長）と力強い。工作機械用ドリルの長寿命対策として、模造品が出現するほどの中国向け装置受注が続いているほか、ウェットブラスト装置では競合の撤退もあり、受注拡大余地も十分にある。そして今後の成長を予感させるのが、大型構造物を対象にしたブラスト加工。橋梁やトラック架台などの下地処理や防錆用途でエアーブラストを採用する動きが活発化、大型ブラストルームの受注が相次い

受注後の装置打ち合わせ　議論は熱い

一品一葉のブラスト装置はどれも個性的

外壁にブラスト加工を採用した新社屋

本社には様々なワークが展示してある

研磨材を噴射して表面を加工する

でいる。このため大型ルームの組立工場として、都内にある本社の近隣に第7工場を稼働させたばかりだ。さらに精密加工分野の強化に向けて、約1億円を投じて露光機などの精密パターニング設備を導入するなど、売上100億円に向けた体制づくりを準備している。

高い設計開発要員比率

　こうした需要開拓とともに、同社成長の原動力となっているのが設計開発力。多様な材質の表面処理ソリューションを実現させるため、数多くの新技術を打ち立てる一方で、顧客のニーズに合わせた一品生産を主体にしてきた。この

ため社員286人（単体）のうち、約90人が設計開発部門に従事するように、他のメーカーに比べ技術スタッフの比率が高くなっている。しかも「顧客の状況に合わせた一品生産が多いため、若い社員でも営業と一緒になって、受注した案件全体の設計を任せる」（杉山社長）そうで、営業と開発、生産がチームとなって業務を推進するのが、同社のモノづくりの特徴でもある。1978年に現在の本社工場を建設して以来、近隣工場を次々に取得し拡張することで、一極集中体制を強化してきたのもこのためで、近く本社北工場の一部を改築して一段の生産能力向上を

目指している。
　2020年12月に、新本社社屋を竣工させた。滑らかなステンレスの外壁が印象的だが、自社のブラスト加工（梨地加工）が使われており、地域のランドマークにもなってきている。実はこの外壁は、米国の大手IT企業でも採用されているものである。今後1階部分にはショールームを設置して、不二製作所のブランドを発信していくとともに、杉山社長は「単なるモノづくりではなく、コトづくりが大切。ブラストの活用フィールドを広げていく」という姿勢で、2030年を見据えている。

| わ | が | 社 | を | 語 | る |

代表取締役社長
杉山 博己氏

ブラストの可能性をこじ開けていく

　ブラストの可能性は、まだまだ夜明け前。様々な材料を削ったり、鍛えたり、あるいは滑らかにしたり。ブラストによる表面改質を通じて世の中のお役に立てる世界は無限に広がっていると言えます。そんなブラストにより発生する付加価値を顧客に提供し、その付加価値を徹底的に追求することが当社のコアコンピタンスでもあります。当社の行っているブラストビジネス

は、お客に喜んでもらえる楽しいビジネスです。ぜひわれわれとともにブラストの可能性拡大にかけてみませんか！ よろしくお願いいたします。

会社DATA

所　在　地：東京都江戸川区松江5-2-24
創　　　業：1950（昭和25）年
代　表　者：杉山 博己
資　本　金：1億円
従業員数：単体：286名　グループ：323名（2021年3月期）
事業内容：エアーブラスト装置（商標名ニューマ・ブラスター）の設計・製造・販売、
　　　　　消耗部品販売及びブラスト装置の修理、各種研磨材の販売、ブラスト加工
　　　　　サービス（受託加工）
U　R　L：https://www.fujimfg.co.jp/

▲双葉電子工業株式会社

多彩な次世代コア技術を独自開発する異色のモノづくり集団
——電子デバイスと金型用器材を軸に確かな製品をグローバルに提供

ここに注目！
ニッチ市場を中心に多くのトップシェアを持つ多様な製品＆技術
ドローンをはじめICTを用いた数々の次世代ソフトビジネス

風速20m近い強風のなかで、安定したホバリングを実現する1台のドローン。双葉電子工業が開発した全天候型産業用ドローンによる耐風屋外試験の模様だ。2020年からソフトバンク株式会社（以下ソフトバンク）と共同で、測量や災害支援などに活用できる産業用ドローンの開発に着手し、昨年12月には次世代高速携帯通信規格のLTEとセンチメートル級の高精度測位に対応した国産ドローンを発表した。今後は空撮を利用した点検作業の効率化をはじめ多様な需要を掘り起こし、新ビジネスの一角として育成していく方針だ。

ソフトバンクも驚く強風下での安定性を確立できたのはなぜなのか。1948年（昭和23年）に真空管の製造で創業した双葉電子工業は、時代に合わせてなくてはならない製品を独自の技術で次々に製品化し、数々のニッチトップ製品を国内外に提供してきた。現在タッチセンサーや有機ELディスプレイ、産業用・ホビー用ラジコン等の製品から成る電子デバイス関連事業と、金型用器材や成形・生産合理化機器などで構成する生産器材事業の二つを持つ。多彩な製品開発を手掛けてきた実績と、産業用ラジコンで培った高度な無線技術が、抜群の安定性を誇るドローンの開発につながった。

本質直視の哲学

もう一つは、創業以来貫かれてきた「本質之直視」という哲学。物事の本質を見抜く努力を絶やさず、社会にとって役に立つ存在を目指し続けた企業理念だ。ドローンを社会に普及させるためには、過酷な条件下でも使えるものでなければ意味がない。強風にも耐えるドローン開発は、社会ニーズの本質部分に挑んだ結果でもある。2016年には、「Futabaドローンスクール」を開講し、ドローン操縦者の育成にも乗り出しており、社を挙げてドローンの普及を後押ししている。電子デバイス関連では、独自の薄膜技術を用いたタッチセンサーに加え、有望製品と目されるのが有機ELディスプレイだ。同社の有機ELは高輝度、高精細で優れた視認性を発揮できるのが特長で、すでにデザイン性の高いフィルム製品を市場投入しており、高輝度高付加価値の小型表示領域で攻勢をかける。

一方の生産器材事業では、ハードだけでなくICTを用いたソフトビジネスへ進出する動きが明確だ。これまで金型加工に用いる各種器材や金型の基礎となるプレートなどの金型関連製品をトータルに提供してきたが、最近は金型内の計測システムや工場自動化ニーズに合わせたソリューションに力を入れている。なかでも金型内の圧力や温度を計測する成形・生産合理化機器関連事業は、加速する「インダストリー4.0」の取り組みに対応した強化部門。金型内圧

創業の地、千葉県茂原市に本社を構える

自社開発ドローンで新ビジネスを創出

社を挙げて女性活躍を推進

自己実現を尊重する社風

コア技術開発センターと各事業センターが連携し、新製品開発を積極化

力や金型内を流れる樹脂温度を逐一計測することで、不良品発生時の詳細な履歴データを呼び出せることから、自動車業界などの現場の注目度は高い。

成長分野へ積極投資

2020年度からは、「世の中に役立つものを毎月ひとつ出して行こう」という有馬資明社長の号令のもと、コア技術開発センターと各事業センターが連携し、新製品開発を積極化している。もともと強固な財務基盤をベースに毎年積極投資を続ける同社だが、投資全体の71%が戦略・成長向けとされ、今後も情報系を中心にした研究開発の手を緩める気配はない。

技術者の採用は毎年10-15人。4つの事業センターごとに職種別で採用をしており、女性の採用数も大幅に増えている。「やりたいことだから頑張れるし、前向きに働ける。設計開発部門では製品の企画から生産、流通まで主担当として携われるなど、若手でも広い範囲の裁量を持って働ける」(米沢禎久人財企画開発課長)という。

近年は社を挙げて女性活躍を推進しているほか、海外関係会社に1-2年赴任する社員研修の実施や、資格の取得支援や報奨金制度、さらに有給休暇の取得平均12.9日、残業の全社平均16.6時間という数値から、働きやすい職場環境がうかがえる。「会社が社員を使うのではなく、社員が会社を使って自己実現する社風」(同)とか。そんな社員を主役にした双葉電子工業の挑戦する姿勢は、新たな成長を呼び込むことになるだろう。

|わ|が|社|を|語|る|

代表取締役社長
有馬 資明氏

「なくてはならないもの」の追求

「なくてはならない器材・サービスを創出し、世界の発展に貢献」する。これが当社の理念です。創業以来、「ディスプレイ」「タッチセンサー」「無線機器」「金型用器材」でシェアトップクラスの実績を持つ総合メーカーとして、この理念を愚直に体現してきました。

モノやサービスが多様化し、日々進化する現代だからこそ、「真になくてはならないものとは何か」を見極める必要があります。今後は、培ってきたハードの技術に、AIやIoTといった新技術を取り込んだ「モノづくりの進化」、世界に広がるネットワークを活用した「グローバル経営」、既存技術を進化・融合させた「開発力の強化」を3つの柱とし、理念を絶え間なく追求していきます。

会社 DATA	
所 在 地	千葉県茂原市大芝629
設 立	1948(昭和23)年2月3日
代 表 者	有馬 資明
資 本 金	225億5千8百万円(東証1部上場)
売 上 高	連結:488億2千6百万円(2021年3月期)
従 業 員 数	連結:4,111名(2021年3月31日現在)
事 業 内 容	各種電子部品・電子機器・生産器材の設計、開発、製造および販売(有機ELディスプレイ、タッチセンサー、複合モジュール、産業用ラジコン機器、ホビー用ラジコン機器、プレート製品、金型用器材、成形・生産合理化機器等)
U R L	http://www.futaba.co.jp/

◢ プレス工業株式会社

製造の先の創造へ
—— フレーム、アクスル、建機用キャビンのシェアトップ企業

完成車開発の経験と実績に基づく提案型のモノづくり
海外売上高比率4割超のグローバル体制と強靭な財務基盤

Tier1の大手自動車部品メーカーだが、並みのTeir1メーカーではない。トラック用のフレーム（骨格）とアクスル（車軸）で国内トップのシェアを持ち、建設機械用キャビン（運転席）でも世界有数のシェアを誇るプレス工業株式会社。1925（大正14）年創業で、2025年に創立100年の節目を迎える。1929年に国産第一号のトラックフレームを製作し、戦後はフレームとアクスルを軸にした商用車用部品事業で発展してきたが、特筆されるのは1967年にスタートした完成車組立事業。約半世紀にわたって、いすゞ自動車や日産自動車、マツダなどの四輪駆動車の委託生産を担ってきた。なかでもバブル期に人気を博したSUV「ビッグホーン」は、いすゞとプレス工業との共同開発車種として知られ、ボディ設計から試作・評価に至るまで、早くから完成車の開発体制を備えていた同社の実力は、通常のTier1メーカーの枠では語れないものがある。

完成車の設計開発力を応用展開

例えば、1977年に開始した建機用キャビン。フレーム、アクスルに次ぐ同社のコア商品に成長したが、美野哲司社長は、「完成車の経験と設計開発力を応用展開した」と解説する。開発初期から参画するデザイン・インの手法を建機にも活用することで、「顧客から仕様さえもらえれば、あとは当社で図面を起こし、シミュレーション解析をして実機評価を繰り返し、最終製品に仕上げることができる」（美野社長）という。国内の建機、農機メーカーにとって、プレス工業はキャビンの設計製作を安心して任せられる頼れるパートナーというわけだ。

開発・設計から実験・評価までを独自で行い、高い技術力と品質保証を施して最適な製品を提供するモノづくりの一貫体制は、フレーム、アクスルなどの自動車部品も同じこと。下請けメーカーの次元を飛び越えて、完成車メーカーに代わって強度解析や実機試験を行える底力が、プレス工業最大の強みと言えるだろう。

さらに顧客に近い所で製造しタイムリーに供給できるロケーションも大きい。顧客の生産と同期したジャストインタイムの体制は、顧客の信頼と評価につながっているという。現在、国内5工場を構えるほか、米国、スウェーデン、タイ、インドネシアに自動車部品工場、中国に建機キャビンの製造拠点を設立し、海外での現地供給体制を盤石にしている。海外売上高比率は4割を超えており、中国・アジアをはじめとする旺盛な海外需要を着実に収益に結び付けることにより、高い自己資本比率に代表される強固な財務体質を築いている。

一方、中厚板加工の専門メーカーとして、数多くの最新技術を

「製造の先の創造へ」2021年4月に新しい企業スローガンを制定

商用車・建設機械部品・プレス金型等の事業を展開

OJTなどによる若手社員育成に力を入れている | 若手社員の仕事の様子 | 各地区で開かれる納涼祭の一コマ

確立していることも見逃せない。99年に採用された日本初の異形鋼管曲げ技術は、運転席ピラーの継ぎ手を不要にして高強度と低コストを実現できる画期的な生産技術で、同社の建機キャビン事業拡大の立役者でもある。鋼板を折り紙のように曲げ、強度が必要な部位の板厚を確保する「折り紙加工」は、溶接を不要にした独自の加工法で、低コストと高信頼性を実現した。最近は、これらの独自技術を生かした新製品開発を強化しており、特に異形鋼管曲げ技術

を転用した地震シェルターは、工場や倉庫などを対象に落下物から社員の安全を守るとともに、地震発生時の一時避難所になる製品として拡販中だ。

量を求めず質を上げる

2025年に創業100年の節目を迎えるが、美野社長は、「昨今の目まぐるしい変化に対応して行く為には、量を求めるよりも会社と社員の質を上げていくことの方が重要だ」と言い切る。戦前に企業内学校の「プレス工専学校」を設

立し、技能教育と人間教育に力を入れ、毎年同校の卒業生20-30人を技能職に迎え入れている。社員のやる気を重んじ、一人ひとりの実態に即した知識・技能の習得と「血の通った労務管理」を基本に、様々な教育制度を設けている。「最終的には社員の人生の質を高めてもらうのが一番。大事に育てる自信はある」という美野社長の言葉には、社員の成長とともに新たなプレス工業の未来を開いていくという思いが込められている。

|わ|が|社|を|語|る|

代表取締役社長
美野 哲司氏

新しい時代に向けた価値を明確化

創業以来、技術力と開発力の強化を図り、フレーム・アクスル・建設機械用キャビンを軸にグローバル企業として発展してきました。派手ではないものの真面目にコツコツ業務に取り組んできた成果であり、当社が多くの評価をいただいているところでもあります。本年4月に改めて当社グループの存在価値・存在意義を見つめ直し、新しい時代に向けたコーポレートアイデンティティとして、新たに「ビジョン・ミッション・バリュー」及び「企業スローガン」を制定しました。自分さえ良ければ良いという時代ではありません。脱炭素社会に向けた取り組みはもちろん、SDGs・ESGやデジタル対応、働き方改革など大きく変化している事業環境に柔軟に対応し、強靭な経営基盤の強化を図りながら、次の100年を全てのステークホルダーと一緒に目指していきます。

会社 DATA	
所 在 地	神奈川県川崎市川崎区塩浜1丁目1番1号
設 立	1925（大正14）年2月16日
代 表 者	美野 哲司
資 本 金	80億7,000万円（東証1部上場）
売 上 高	連結：1,537億25百万（2021年3月期）
従業員数	連結：6,026名　単体：1,832名（2021年3月末現在）
事業内容	◇自動車関連事業＝フレーム、アクスルハウジング、アクスルユニット、パネル、プレス用金型、自動溶接機器、その他の自動車部品等 ◇建設機械関連事業＝建設機械用キャビン、その他の建設機械用部品等 ◇その他＝建築関連部品、立体駐車装置等
U R L	https://www.presskogyo.co.jp

松本興産株式会社

不可能を可能にする加工改革のパイオニア
——ニッチで加工が難しい小物複雑部品で自動車業界を攻略

ここに注目！ ミクロン単位の超精密加工を土台にした高い挑戦意欲
大量のCNC複合旋盤と現場の力を融合した技術開発力

ズラリと並ぶCNC（数値制御）複合旋盤の数はおよそ90台超。しかもそのどれもが旋削と切削を同時に行える最新の複合加工機。社員数160名、売上高30億円規模で、これだけの設備を備えている企業はめったにない。埼玉県秩父市から車で約30分、秩父郡小鹿野町の自然豊かな環境に囲まれた松本興産株式会社の本社工場だ。これらの最新設備による切削加工技術をベースに、自動車向けの精密部品で大きく成長を遂げた松本興産は、まさに加工改革のパイオニア。QCD（品質、コスト、納期）の要求基準が圧倒的に高い自動車部品業界を、売上ゼロから20年で攻略した異色の存在でもある。

2代目となる松本直樹社長が、父が創業した松本興産に入社したのは1997年。「当時は産業機械や通信機器などの精密部品加工が中心で、自動車関連の取り引きはなかったが、前職の経験を生かして自動車業界に参入することを決めた」（松本社長）という。まずは大胆な社内改革に取り組み、数年がかりで何とか業界で通用する態勢を築いたものの仕事がない。知名度も実績もない松本興産の名刺で顧客開拓を繰り返すうち、ニッチで加工が難しい小物複雑部品に活路を見出した。自慢の設備を駆使した低コスト、高品質の加工法を提案して徐々に顧客の信頼と受注を勝ち取り、2012年にはタイ工場を建設するまでに業容は拡

大。現在、自動車関連の売上高は90％を占めるまでになっている。

複雑形状を一発加工

VA・VE（価値設計・価値生産）とも言える同社提案の軸にあるのが、複合加工機による複雑形状の一発加工。これまで複数の機械設備と人手を介した一連の加工工程を、文字通り一台のマシンで完成させてしまう大胆な工程削減だ。高価な金型によって成形していた精密部品を、同社の一発加工で完成させるケースもある。これにより大幅なコストダウンと不良率の改善、品質向上を呼び込むことができる。

とはいえ新鋭設備を導入すれば、誰もが実現できるような加工

本社外観

CNC複合旋盤機

超精密加工部品

工場には大量のCNC複合旋盤が並ぶ

方法ではない。松本興産が加工改革のパイオニアとして、新技術に切り込むことができた最大の要因は、困難をいとわず解決策を常に追い求める人の力と技術力。松本社長は「最新鋭の機械を使いこなすことはもちろん、自分たちで改造することも可能。ミクロン単位の超精密加工や複雑加工に適した切削工具を内製化したり、工具メーカーにオリジナル品の開発を依頼することもある」と打ち明ける。

若くて前向きな現場従業員が多く在籍しているのも特徴で、社外研修制度を通じた知識の習得や、機械オペレーション技術の向上などに力を入れている。さらに設計・開発、試作から量産、品質保証までの一貫生産体制を構築し、初期段階から顧客提案できる強みや大量設備の24時間フル稼働の効果も合わせ、高精度切削加工の世界で揺るぎないポジションを獲得していると言えるだろう。

可能性は山ほどある

現在、同社の自動車部門は、電気自動車（EV）や自動運転などの次世代の車に必要な重要小物部品を多く扱っているが、松本社長は「10年後をメドに会社の経営の柱となっているような事業を新しく作りたい。ただ当社が扱う自動車部品は、車に使用されている部品のほんの0.16%足らず。可能性はまだ山ほどある。海外拠点をもう一つ出す予定もある」として、医療業界をはじめとする新規事業領域を開拓するとともに、自動車部品を事業の中核に据えて発展を目指す考えを示す。

カギを握るのは、最新の機械設備を使い切るオペレーターの技量と引き続きの挑戦意欲。松本興産のスピリットである「不可能を、削り抜け」を胸に、どこまで新製品・新技術を生み出していけるのか。世界の顧客から必要とする「MKK（松本興産）ブランド」の確立に向け、新たな挑戦が続く見込みだ。

| わ | が | 社 | を | 語 | る |

代表取締役社長
松本 直樹氏

削りの技術でブランドを作り上げる

誰も見向きもしないこと。ダメだとあきらめたことに積極的にチャレンジして実現する。それが松本興産のスピリットです。わたしたちは自動車業界の高精度加工で、いくつもの不可能を可能にし、自動車の進化に貢献してきたプライドがあります。もちろん自動車部品だけではありません。医療用部品、通信機器部品など、様々な生活の周りに私たちの製品が入っています。

目指すところは、世界中どの分野にもなくてはならない製品となること。削りの技術で、MKKというブランドを作り上げることです。どんなことにも不可能はありません。チャレンジし続ける限り、成功に近づいていきます。一緒に世界で戦う覚悟と意気込みのある人たちを待っています。

会社DATA

所 在 地：埼玉県秩父郡小鹿野町下小鹿野247-1
設 立：1970（昭和45）年4月
代 表 者：松本 直樹
資 本 金：9,800万円
売 上 高：単体：31億円 連結：41億円（2019年度）
従 業 員 数：単体：160名 連結：270名（2019年10月時点）
事 業 内 容：CNC複合旋盤による精密切削加工
U R L：http://mkknc.co.jp

ミツヤ送風機株式会社

創業100年超、空調用ファンなど送風機の専業メーカー
——トヨタ出身の山内氏が2021年4月に社長就任、カリスマ経営から脱皮

ここに注目！ 内製化率85％以上、グループの総合力で「お客様第一主義」貫く
コロナ前の売上高26億円、業界シェア10％から、それぞれ倍増目指す

ミツヤ送風機株式会社は創業100年を超える送風機の専業トップメーカーだ。東京スカイツリー、東京都庁、成田・羽田をはじめとする主要空港、防衛省、警視庁などに空調用の送風機を納めている。地下鉄、高速道路の大型ファンやプラントの産業設備も手掛けており、人々の安全・快適と企業の生産活動を支えている。生産台数は年5000～6000台で業界シェア10％。2021年4月には約28年間にわたり社長を務めた小宮英明氏が代表権のある会長となり、後任の第5代目社長にトヨタ自動車出身の山内健氏が就任した。山内代表取締役社長は「下からの意見を求め、若い世代の成長を促す風土」を志向する。カリスマ経営からの脱皮が始まった。

社是は「良心的労作」、技術職の採用強化へ東京勤務を模索

ミツヤ送風機の製造部門は那須事業所（栃木県那須塩原市）に集約されている。そこには材料・板取からプレス、製缶、羽根、機械、その他専用設備、塗装、組み立て、汎用組み立て、大型ファン組み立て、運転試験、試験実験の各工程が満遍なくそろう。内製化率は実に85％以上。「お客様の仕様や注文に合わせて、一から全部つくれる。この技術力の高さが送風機専業で100年生きてきたバックボーンとなっている」（山内社長）。もう一つの強みは、関連会社にミツヤファンメンテナンス株式会社（東京都足立区）を持つことだ。「送風機は長いものだと寿命が30年。だから、売りっぱなしでなく、装置の状態を確認しメンテナンスしなくてはならない。また、メンテナンス会社を持つことで、お客様に交換時期をお伝えできる。それは、社員にとっても、先輩から引き継いできたモチベーションになる」（同）という。

こうした技術力の高さから生まれた製品の一つが、2007年4月に第1号機を納入した平ベルト駆動システム搭載の「エコファン」だ。24時間稼働している送風機で6～11％の電気代削減を実現した効果は大きく、一般財団法人省エネルギーセンターが主催する2014年1月開催の省エネ大賞「資源エネルギー庁長官賞」を受賞した。

ミツヤ送風機の社是は「良心的労作」。3代目社長の小宮荘次郎氏の時に設けたもので、「企業の良心に恥じない最良の製品を真心を持って創る」「お客様が心から満足し喜ぶ最高の製品を創る」ことを謳っている。そのためには課題もある。「新卒は高卒技能職3～5人、営業を含む技術職2～3人を毎年採用している」（同）ものの、「那須には製造業が少なく、工業高校も少ない」（同）ため、技術職の採用に苦労しているのが実情だ。そのため、工場のすぐ近くに社員寮を設けるとともに、「技術部の東京支部という形で、技術職が本社勤務をできるよう模索している」（同）と知恵を絞っている。

数字、数値を社員と共有、意見を集め若い世代の成長促す

トヨタ自動車出身の山内氏は

那須事業所にある技術部

那須事業所の全景

那須事業所にある大型送風機

開放感のある本社オフィスフロア

本社受付

2020年8月、ミツヤ送風機に常務取締役として入り、21年4月に社長就任した。トヨタ時代の社歴は生産技術分野、製造部、内製工機部門がそれぞれ3分の1ずつで、米国勤務も足掛け10年に及ぶ。トヨタはミツヤ送風機のお客様であり、小宮会長が後継者候補の人選をトヨタ幹部に依頼し、山内氏に白羽の矢が立ったようだ。

その山内社長は経営のかじ取りについて「数字、目標、決算等を社員と共有し、社員がそれぞれのレベルで理解することが、経営の基盤づくりと働くモチベーションにつながる」として、数字、数値の共有を始めた。人材育成、方針管理についても、プランを立てるところからスタートして、社長就任と同時に実行し始めた。オーナー型企業で、カリスマ性のある小宮会長の下で社員は、トップの言うことを聞いていれば間違いがなかった。しかし、それでは人材が育ちにくくなる。山内社長は「下からの意見を集め、若い世代の成長を促す」と意気込んでいる。

売り上げ面では、新型コロナウイルス感染拡大の影響を受けて工事の縮小・延期があり、2021年3月期決算では22億3000万円に減少した。利益は確保できているものの、前年度、前々年度は26億円台だっただけに、これから巻き返しを図る。具体的には「シェア、売り上げを伸ばしていく」(山内社長)計画だ。「送風機市場は約260億円で、当社のシェアは10%くらい。売り上げ50億円、シェア20%を目指していく」(同)と、送風機専業のプライドを前面に押し出す。

また、「風を送る仕事をしているのだから、ESG(環境、社会、企業統治)経営を行い、2030年をゴールとする国際社会共通のSDGs(持続可能な開発目標)に貢献しなければならない。それを技術革新、開発へつなげていく」(同)と将来を見据えている。

|わ|が|社|を|語|る|

代表取締役社長
山内　健氏

実績と共感と。当社で働く意義やプライドを感じてほしい

中小企業で働いていただける理由は、大きく分けて3つあります。それは、仕事にプライドを持てること、報酬や福利厚生が満足できること、職場の人間関係が良いことです。この3つを良くすれば、人は集まり、残ってくれます。当社は有名な公共施設や企業に100年前から採用され、現在もご愛顧いただいている老舗の送風機メーカーです。内製で設計、モノづくりを行える強みを生かして、お客様の要求に一から応え、喜んでいただいています。そこで働く意義やプライドを感じてほしいと思います。

有給休暇の取得率はほぼ100%。育児休業制度や短時間勤務制度も導入しています。那須事業所の社員寮「ミツヤハウス」は2021年2月に独身向け2戸、家族向け2戸の建物を増設しました。共に働ける仲間をお待ちしています。

会社 DATA		
所 在 地	：	東京都港区虎ノ門1-2-3　虎ノ門清和ビル7階
創　　業	：	1920(大正9)年7月
設　　立	：	1954(昭和29)年9月
代 表 者	：	小宮 英明、山内　健
資 本 金	：	9,600万円
従 業 員 数	：	170名(2021年4月1日現在)
事 業 内 容	：	各種公共施設、オフィスビル、ホテル等のビル空調用および自動車産業、各種工場の生産設備用送風機の製造・販売
U　R　L	：	https://www.mitsuyaj.co.jp/

株式会社BookLive

電子書籍の黎明期から電子書籍ストアでマンガ市場を大きく変えたIT企業
——使い勝手の良さと多様なコンテンツ配信で業界をリード

ここに注目！

累計120万冊を配信する国内最大級の電子書籍ストアを運営
若手が活躍できる自由闊達な社風でビジネスチャンスを拡大

　2021年に開かれた東京オリンピックの開会式で、各国選手団のプラカードにマンガの吹き出しや集中線のデザインを採用したり、プラカードベアラーの衣装にスクリーントーン柄があしらわれたりして話題になった。日本のマンガが世界に通用するグローバルコンテンツとなって久しい。だが、そのマンガ市場は激変している。紙からデジタルへの移行が進み、マンガは「スマートフォンやタブレットでも読めて、楽しめるもの」として認知されるようになってきた。その先駆者がBookLiveだ。

　世界最大規模の総合印刷会社である凸版印刷は新規事業として、2003年に日本で初めて「ガラケー」と呼ばれたフィーチャーフォン（多機能携帯電話）向けに本格的なコミック配信をスタート。2005年にビットウェイとして分社化した。

　2011年には新会社のBookLiveとしてビットウェイから独立、国内最大級の総合電子書籍ストアを運営する業界トップクラスの企業だ。

「使いやすさナンバーワン」を支えるエンジニア

　同社が運営する総合電子書籍ストア「ブックライブ」の人気の秘密は、配信累計120万冊という巨大な電子書店であること。さらには会員登録なしにタダで読める「まるごと無料！」の作品が常時1万冊以上あり、2020年9月度のアンケート調査では20代の男女から、「使いやすい電子書籍ストア」のナンバーワンに選ばれた（電子書籍・電子コミックに関する調査　実査委託先：ESP総研、調査対象：20〜29歳）。

　使いやすさの根幹を支えているのがシステム開発部門だ。ユーザーの使い勝手を考慮し、スマホ決済、キャリア決済、クレジットカード支払いなど、様々な決済方法を導入している。1日1回チャレンジでき、10〜50%の割引を受けられる「クーポンガチャ」のようなユーザーを飽きさせない機能も、ビジネス部門と連携しながら実装している。

　細かいところにも気を配らなくてはならない。技術・開発本部システム開発部ストア開発チームの多久島さんは「例えば、わずかでもWebサイトの表示速度が落ちると、ユーザー体験は悪化する。利用者が増えると処理するデータ量が増え速度が落ちるので、利用状況を監視しながら随時改善している」と話す。こうした不断の努力で、ストアの使いやすさを維持しているのだ。

本との出逢いで差別化、「人」の力

　電子書籍ストアでありながら、サービスに「人」が介在しているのも魅力の一つ。ブックライブには「すず木」と「えい子」という2人の「顔の見える書店員」が在籍している。彼女たちは企画運営やプロモーションなどを通じて、

多様な意見を尊重する企業風土、社員一人ひとりの活躍と組織コミュニケーションの高さが成長のカギ

もっと気軽に、もっと快適に、あなたの人生に寄り添うサービスへ

エンジニアとしてサービスの開発・運用・保守を担当する多久島さん（2018年新卒入社）

マーケティング部のチームを率いてプロモーション施策を推進する田中マネージャー（2013年新卒入社）

サービス開始10周年を迎えた電子書籍ストア「ブックライブ」

コミックの最新トレンドをストアやSNSで発信し、ユーザーとの交流を深めているという。すず木は年間2000冊を読み込むマンガのスペシャリスト。えい子は人生に悩む人に合った本を薦めてくれる。デジタルに「人」が介在することで、ユーザーの多様な嗜好性に細やかに温かく応えるサービスだ。

ストアの売上高も2017年度以降2桁成長で、成長率は年々上昇している。直近の2020年度は前年比で35％も伸びた。高成長の秘密は、女性ユーザーをターゲッ

トにしたプロモーション強化だ。ストア本部マーケティング部アドバタイジングチームの田中マネージャーは「テレビCMで、女性人気の高いタレントさんを起用できたことで、女性層のブランド認知率が大きく向上した」と明かす。「少女・女性マンガ」「ティーンズラブ」「ボーイズラブ」といった女性購入層をメインとした作品群の売上は前年比約60％増と、女性ユーザーがストアの成長に大きく貢献している。

こうした新しい取り組みを次々に展開できる理由は、若い人材が

仕事に打ち込める職場環境にある。田中マネージャーは新卒でBookLiveへ入社後、21年から管理職としてテレビCMやWeb広告全般を担っている。「仕事の裁量が大きい。仲間にも恵まれ、一緒に仕事をしていて楽しい」と打ち明ける。電子書籍の先駆者であるBookLiveが現在も業界をリードし続けているのは、若手社員が伸び伸びと活躍できる社風のおかげなのだ。

| わ | が | 社 | を | 語 | る |

代表取締役社長
淡野　正氏

新たなサービスや事業を創造し続ける

ガラケー時代からマンガの電子版に取り組んでいます。当初は1冊でも多くの作品で電子化の権利を獲得できるかが勝負でした。現在は電子化されるのが当たり前となり、魅力的なオリジナルコンテンツを発掘する能力が問われています。

変化の激しいマーケットに対応するには、新たなサービスや事業を創造し続けることが必要です。そのため、社

員の提案に耳を傾けチャレンジングな領域にも積極的に投資しています。あたりまえの仕事をあたりまえにやるだけではなく、可能性があるものはどんどん提案してもらいたい。やりがいをもって高いモチベーションで仕事を楽しめる環境があるため、手を挙げた社員には成長するチャンスがある会社です。

会社DATA

所 在 地：東京都港区芝浦3-19-26
設　　立：2011（平成23）年1月28日
代 表 者：淡野　正
資 本 金：15億8千万円（資本準備金等を含む）
従業員数：159名（2021年3月31日現在）
事業内容：電子書籍ストア事業、電子書籍配信プラットフォーム事業
U　R　L：https://www.booklive.co.jp/

株式会社アコーディア・ゴルフ

日本におけるゴルフ業界のリーディングカンパニー
──ゴルフを気軽に楽しめるスポーツに

ここに注目！ グループで国内最多、世界第3位169カ所のゴルフ場を運営
ゴルフ運営会社として売上日本一、収益力日本一

日本のゴルフが大きく変わり始めた。数年前までゴルフといえば、会社の接待やオジサンが楽しむスポーツの代表格だったが、最近は若い世代や女性を中心にゴルフを手軽に楽しむ動きが広がりつつある。老若男女を問わず誰もが気軽に楽しめるスポーツにしようとチャレンジを続けているのが、ゴルフ場運営の国内最大手である株式会社アコーディア・ゴルフだ。様々なプレースタイルの提案や、テクノロジーの活用、リーズナブルな料金設定などチャレンジを続け、ゴルフ業界内に新しい風を吹き込んでいる。

全国のゴルフ場やゴルフ練習場では、スタッフが笑顔でお客様をお迎え

若い世代や女性のゴルファーが増えています。ポイントカード会員は420万人を突破

新型コロナでカジュアルゴルフの流れが加速

昨年4月に発出された新型コロナウイルスに伴う全国一律の緊急事態宣言。多くのレジャー施設や飲食店などと同様に、同社のゴルフ場も来場者の激減に見舞われた。しかしここからアコーディア・ゴルフの本領が発揮される。まずはできるだけ接触を避けたいというニーズに応えるために昼食を挟まないスループレーをいち早く導入するとともに、サービス内容を一気にシンプル化し、プレー終了後のクラブ清掃や到着時のキャディバッグの受け取りをセルフ化した。また、マーケティング施策においては、ホテル業界では常識とされているレベニューマネジメントを導入しており、蓄積された需要データと天候や近隣価格を科学的に分析した需要予測により価格を変動させ、市場平均50％といわれる稼働率に対して平均稼働率80％以上と日本一の集客力を誇っている。こうした様々な対策を迅速に打ち出したことで徐々に来場者は回復し、8月には過去最高の入場者数を達成した。

他社に先駆けいち早く回復できたのは、若い世代や女性の来場が増えたからだ。2003年のブランド開始以来、年齢や性別を越えたゴルフ環境に加え、誰もが気軽に

PGA TOURのZOZO CHAMPIONSHIP
やMastercard Japan Championship
を開催している

アグロノミー（農耕学）に基づいたコース管理技術

自社開発した自動受付精算機でらくらくチェックイン

楽しめる価格の提供を目指してきたアコーディア・ゴルフ。言い換えれば、これまで同社が取り組んできたカジュアルゴルフの流れが、コロナ禍に伴って加速した顧客ニーズの変化にフィットしたと言える。常に時代や社会のニーズを捉え、日本におけるゴルフの変化を先取りしてきた同社では、今後もサービスのセルフ化や自動化を進めながら施設の充実を図り、「シンプルでカジュアルなスポーツとしてのゴルフ」を加速させる方針だ。

いい会社から「すごい会社」へ

グループで国内最多の169カ所のゴルフ場ほぼすべてに、ゴルフカートとカートナビを導入しているほか、一目で分かるヤーデージ杭の色分け、ピン位置による旗の色分け、自動チェックイン機・自動精算機の導入などを実施している。さらに高齢者や女性に優しいゴルフカートのフェアウェイ乗り入れは、芝質研究に基づく高いコース管理技術によるものだ。データに基づく品質管理システムを構築し、良いコースコンディションを低コストで保つコース管理技術を確立した。2019年にタイガー・ウッズと松山英樹が優勝を争ったZOZO CHAMPIONSHIPはアコーディア・ゴルフ習志野カントリークラブで開催され、2017年からは米国シニアツアーPGA TOUR Championsも成田ゴルフ倶楽部で定期的に開催されるなど、こうした世界一流のコース管理に触れる機会はさらなる技術の向上へとつながっている。

そんな同社がいま、企業理念として目指しているのが、いい会社から「すごい会社」へ。「すごい会社」を「挑戦と変革を恐れない企業」と定義し、社員が主体的に新しい何かに取り組む企業風土の醸成に取り組む。若い30代・40代の支配人が多いのも同社の特徴で、新入社員研修、次期管理職研修、管理職研修、コンプライアンス研修、ゴルフ場でのサービス研修など多様な研修プログラムを通じて、若い世代が存分に活躍できる環境が整備されている。新しい日本のゴルフを目指して、伝統や格式にとらわれないアコーディア・ゴルフの挑戦が続く。

| わ | が | 社 | を | 語 | る |

代表取締役社長 CEO
望月 智洋氏

変革を続け、ゴルフ業界の未来を切り拓く

2003年の設立以来、年齢や性別を越えて誰もが気軽に楽しめるシンプルスタイルのゴルフ環境、リーズナブルでありながらコースコンディションの良いコストパフォーマンスに優れたゴルフ環境を提供するビジネスモデルを構築してきました。コロナ禍において、サービスのセルフ化・業務のシンプル化を進める中、多くのお客様のご支持を頂くことができました。特に女性や若い世代のお客様の来場が急増し、ゴルフ市場の裾野拡大の最前線にいることを実感しております。ゴルフ業界をリードする企業として業界全体の課題に対する施策についても皆さまのご期待に応えられるよう、精一杯努力する所存です。いい会社から「すごい会社」へ、お客さまの笑顔のために、私たちも笑顔で挑戦を続けてまいります。

会社DATA

所 在 地：東京都品川区東品川4-12-4　品川シーサイドパークタワー
設　　　立：1981（昭和56）年9月（2003年5月に商号を変更）
代 表 者：望月 智洋氏
資 本 金：5,000万円
従 業 員 数：9,251名（2021年3月末時点）
事 業 内 容：ゴルフ場の運営・管理
U R L：http://www.accordiagolf.co.jp/

ライフ
生活・エンタメ
ITソリューション
社会インフラ
商社・サービス
建設・不動産

株式会社サクセス

最も早く社員が成長できる環境を備えたゲーム会社
──オリジナル開発と受託開発の二本柱でバランス良く事業を推進

ここに注目！ 高いスキルをもつ人材が豊富で、開発タイトル数は国内でもトップレベル
新市場として世界中で注目されているゲーム業界の高い成長率と将来性

サクセスはゲームの開発およびパブリッシングを行うゲーム会社である。他のゲームメーカーと異なり、業務用・家庭用・スマホ・PC、WEBなど、すべてのプラットフォーム向けに開発しているのが大きな特徴のひとつとなっている。複数のプラットフォーム向けに同時開発する手法により、開発タイトルも累計1600と、国内でもトップクラスの数を誇っている。

特にWEBゲームの開発では国内最多タイトルを開発しており、オンラインゲームの開発もスタートから20年という、国内でも最も古い歴史を誇っている。

ゲーム業界には常に新しい技術、ツール、開発手法が求められているが、そうした変化に対応できる専門家を社員として育てている点も、サクセスの優位性を支えている。

ゲーム業界の高い成長率

単に「ゲーム」と聞くと、娯楽のひとつと捉えられがちだが、その世界市場は2019年に15兆円、20年に20兆円と、他業界では見られない驚異的な成長を続けている。国内市場も2019年で1.5兆円、20年には2兆円と順調に成長を続けている。特にコロナ禍で外出自粛が続く中、室内で楽しめるゲームへの期待は大きい。

小学館のオンラインメディア「コロコロオンライン」によると、小学生を対象にした「読者が興味のある職業」アンケートでは、1位が「YouTuber」、2位が「プロゲーマー」、3位が「ゲーム実況者」だ（小学館調べ、2020年8月）。野球・サッカー選手や漫画家よりも、プロゲーマーが子どもたちのあこがれの職業となっている。

高い成長率の一方で、競争も過酷を極めている。ゲームは、スマホ向けゲームだけで一日600以上のタイトルが、世界各国のパブリッシャーから発売されているが、人気ゲームとして生き残るのはごくわずか。サクセスはオリジナル開発と受託開発の両輪で事業展開することで、経営を安定させた。

年間開発タイトルは50～60タイトルに及ぶ。プロジェクトの約半数がオリジナルタイトルであるため、受託開発でトラブルが発生しても、オリジナル開発の人員を受託に移動することで、クライアントに対する納期遅れが少なく、委託会社は安心して開発をサクセスにゆだねることができる。

社員一人一人のスキルアップが可能

吉成隆杜社長が大切にしているのは「情報共有」と「教育」だと言う。企画、仕様、予算、進捗管理からデバッグ、売り上げ推移まですべての情報を社員が共有する。

また、「インプットがなければアウトプットもない」（吉成社長）という考え方から、教育には力をいれており、社内セミナーやライ

サクセスの受付。
「なめことポチがお客様をお待ちしております」

オフィス風景

ミーティングの様子

40周年記念パーティーの様子。
社員全員参加で開催した

ブラリーの共有化によって社員のスキルアップを図っている。

プロジェクトが比較的小規模なものが多いことから、企画からマスターアップまですべての工程に関わる機会が多く、クリエイターとして一人前になるスピードが速い。「社員が大きなプロジェクトの歯車になって、一部分だけに関わるということがないので、実力アップに大いに役立ちます。世界で一番早く社員が成長できる会社です」（吉成社長）。

さらに大切にしている点のひとつとして、「最高の作品を多くの人に届けることができる環境の実現」を挙げた。すべてのジャンルで業界屈指の専門家が社内にいるので、直接指導を受けることができる上、社員一人一人のアイデアを具現化できる機会が多く、打席に立つチャンスが多い点も、社員のモチベーションアップとやり甲斐に繋がっている。

社員一人一人のインプットを大切にする吉成社長の提案で、毎月5000円までの書籍の購入、エンタメ補助として映画鑑賞などは月3000円まで会社が負担する。「並みの人間が作った並みのゲームで誰も遊ぼうと思わない」（吉成社長）からだ。

今後リリースされる予定の作品は「バースセイバー」「一局麻雀」「ハムスターの里」など、発売前から話題となっている。高い技術力をもち、質の高いエンターテイメントを提供できるサクセスの作品は、世界中のファンに期待されている。

| わ | が | 社 | を | 語 | る |

代表取締役社長
吉成 隆杜氏

業界で一番ホワイトな会社

現在、社員の平均年齢は38歳、平均在籍年数は9年と、ゲーム業界では一番ホワイトな会社と言われています。継続して感動を生む商品、感謝されるサービス、革新的なシステムを提供することで、プレイヤーの人生をより豊かに、より楽しいものにすることが、我々の使命です。今も約100万人を超える人々が我々の開発したゲームを利用しています。ユーザーが求めるものは常に、より優れた、より面白い、より感動的な、初体験です。そうしたニーズに応えるためにはスキルが高く、モノづくりが好きでたまらなくて、研究熱心で、日々勉強を怠らないプロのクリエイターでなければいけません。サクセスはそうしたクリエイターにとってのユートピアを目指しています。

会社DATA		
所 在 地	：	東京都品川区東五反田1-21-13　ファーストスクエア五反田3F
設 立	：	1978（昭和53）年6月7日
代 表 者	：	吉成 隆杜
資 本 金	：	1億円
売 上 高	：	29億円（2021年5月期）
従 業 員 数	：	271名（2021年6月末現在）
事 業 内 容	：	ゲーム開発及びパブリッシング
U R L	：	https://www.success-corp.co.jp/

◢ 株式会社ADDIX（アディックス）

DX実行支援により、事業会社を成長に導く
──実行力を強みとした一気通貫の体制で、成功を勝ち取る

ここに注目！ デジタルに対するビジョン・戦略の不足や導入後の運用といった課題を、伴走しながら解決
異業種の経験を備えたメンバーが多彩なノウハウを融合させ、プロジェクトを推進

株式会社ADDIXは、挑戦する企業の取り組みを、デジタルテクノロジーを駆使して、新規事業・サービスの実現や既存事業の成長支援を行う企業だ。2008年の会社設立以降、大手出版社のデジタル部署立ち上げ支援を始め、エネルギーや航空といったインフラ企業のデジタルビジネス支援などの実績を積み上げながら信頼を勝ち取り、安定して業績を拡大させている。

業界分野の的を絞り、成果の実現にこだわる

2020年春以降、新型コロナウイルスの感染が世界に広がる中で、一躍注目され始めたのがデジタルトランスフォーメーション（DX）だ。経済産業省がDX推進ガイドラインを取りまとめる2018年より前から、"ビジネスをいかにデジタル化するか"では

なく、"デジタルを前提にビジネスを考える"ことに取り組んできたADDIXにとっては、この流れは追い風とも言える。

しかし、現時点では全ての業界のDX実行支援に取り組んでおらず、戦略的に業界を絞っている。ビューティー、ファッションからスタートし、現在のターゲット業界は、モビリティー、エネルギー、ヘルスケア、金融、不動産等。的を絞ることにより、クライアント企業とほぼ同じ知識水準を備える社員を確保・育成でき、ユーザー企業と正面から議論し、共に戦略を練ることができるため、成功への確度も高まる。そして、業界での成功ノウハウを別業界へ横展開させるのだ。

組織体制は、「プロフェッショナル・チーム」と呼ばれる実行チームと、司令塔となる「プロデュース・チーム」の両輪体制。

ユーザー企業を取り巻く世界に散在するデータをどう分析し、デジタルテクノロジーで解決させる術を見出だし、最適なユーザーエクスペリエンス（UX）を通じ、新たな顧客体験価値を提供することに長けたプロフェッショナルメンバーと、企業に寄り添いながら全体を俯瞰するプロデューサーがセットとなり、プロジェクトの戦略から開発、リソースの選定などに取り組んでいる。要となる同社の人材だが、異業種での経験を積んだ経験豊かなメンバーをはじめ、社内勉強会の開催や、支援事例の共有会を通じて知見を蓄積することで、様々な事案に柔軟に対応できるメンバーが揃っている。

データとデジタルを基盤に様々な業態・業界を結び付け、新規事業を成功に導く

企業の事業課題に対し、構想と

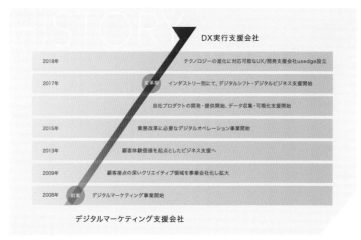

創業からデジタルを土俵に、DX実行支援企業へ

コーポレートミッション「Enjoy Digital Co-evolution.」を体現するオフィス

様々な働き方を有効なものにするオフィスとして2021年4月に移転。「人と人とが、つながることができる場になる」をコンセプトに、オフィスはオープンな環境と集中スペースを設置し、出社やリモートなどの勤務形態に関わらず、繋がり合えるきっかけの場としています

実現のギャップを埋め、事業やサービスを一緒に育てていくことがADDIXの売りである。この売りこそが、同社がコンサルティング会社ではなく、DX実行支援会社と表している所以である。

その DX を『データやデジタルを使い、事業のビジネスモデルや、体制を変革し、価値提供の方法や、儲け方を変えること』と同社は表現する。時にはクライアント企業の戦略の修正も提案するという。

この先DX化が進み、データを基盤に様々な業界や業態が更につながることで、業界の垣根そのものもなくなる、と見ているADDIXが狙うのは、クライアント企業同士のウィン─ウィンのつながりでもある。関係した企業同士が結び付き、企業群で可能なサービスを新規開発していくことが今後の目標だ。併せて、ADDIXとしてその企業群を支える新たな自社サービス導入も視野に入れている。

確かなデジタル技術と実行力を備えたDX集団は、ビジネスの成功に着地点を置いて成長を続ける。

| わ | が | 社 | を | 語 | る |

代表取締役 CEO
酒井 大輔氏

ADDIX

DXで顧客価値を創造し、企業や社会のポテンシャルをアップデートさせる

ADDIXは、デジタルを土俵に、テクノロジーやデータを顧客体験価値に変換することで事業を拡大させてきました。コロナ禍で進んだデジタルトランスフォーメーション（DX）では、オフラインの行動がオンラインに置き換わりました。例えば、スーパーやコンビニでの支払い行動。現金からスマホ決済が進み、非接触であること自体が、顧客体験価値となり、社会システムそのものを一変させました。今や、多くの企業が、DXを事業成長に欠かせない共通課題としています。我々は「Enjoy Digital Co-evolution.」をミッションに掲げ、これまで培った多彩なデジタルの知見と先端的なテクノロジーの提供、時として独創的な解決策による顧客体験価値の創造で、企業や社会のポテンシャルをアップデートさせ、歓びに満ちた未来の実現に向けたチャレンジをしています。

会社DATA

所 在 地：東京都港区南青山3-1-31　KD南青山ビル
設　　立：2008（平成20）年9月
代 表 者：酒井 大輔
資 本 金：1,000万円
従 業 員 数：107名（関連会社含む）（2021年8月1日現在）
事 業 内 容：デジタルトランスフォーメーション（DX）実行支援
U R L：https://www.addix.co.jp/

61

AGS株式会社

埼玉県内最大規模を誇るITソリューション企業
──高品質都市型データセンターとSIの両輪で顧客の多様な情報ニーズに対応

ここに注目！
7期連続増収とバランスのポートフォリオが指し示す成長可能性
細かい処遇を可能にした人事制度の導入で成長意欲を強力サポート

2021年7月、創業50周年を迎えたAGS株式会社。旧埼玉銀行と旧協和銀行のシステム子会社をルーツとし、システムインテグレーター（SI）ビジネスとデータセンタービジネスを両輪に、金融系のほか自治体等の公共系と一般法人向けの情報処理サービス、ソフトウェア開発を営む。2021年3月期は、新型コロナウイルスに伴うITニーズの高まりもあり、売上高209億円と過去最高を更新。今期も金融機関向けのソフト開発案件の増加や、21年1月に増床したデータセンター「さいたまiDC」の販売促進効果で増収増益を見込む。埼玉県内で最大規模を誇るいま最も成長著しいIT企業のひとつだ。

「選択と分散」を推進

もともとAGSは、1991年の協和銀行と埼玉銀行合併の4年後に、両行のシステム子会社が合併して誕生した企業。当初は親会社向けのシステム開発を主業務にするも、自治体や一般企業向けのサービスを徐々に拡大し業績を伸ばしてきた。「事業戦略の考え方としてビジネスの『選択と集中』と言われるが、本来は『選択と分散』が望ましい」と語るのは、りそな銀行出身の原俊樹社長。大阪で勤務していた銀行時代、リーマンショックの折に特定企業に過度に依存した貸出先があっけなく破綻していく現実を目の当たりにした。りそなグループとの関係性を維持しつつ、AGSは金融システムで培ったノウハウを幅広い業種業態に広げることで、市場変動に柔軟に対応できる経営基盤を目指してきた。

「選択と分散」の成果は、バランスの取れた同社の売上ポートフォリオに表れる。前期の顧客別売上高構成比は、金融33.7%、公共36.2%、法人30.1%と、きれいに三等分され、さらに取引顧客数を大小合わせて約1,500超にまで増やした結果、りそなグループ向けの売上比率は3割弱の水準となっている。もはやAGSは銀行系情報処理サービス会社というイメージを払拭し、業態を問わず多様な顧客の情報ニーズに対応できる全方位のSI事業者に変貌を遂げたと言えるだろう。

AGSのもう一つの強みは、売上の約70%がストックビジネスで占められる抜群の安定性。データセンターやクラウド、受託計算などを軸にするストック型情報処理サービスの数々は、同社ビジネスの岩盤でもある。ただ原社長は「信用力や安心感と言った評価の裏返しであり、今後も大切にしていく」としながらも、「これに安住することなく、フローのビジネスを積極的に取りに行く」と、一段の事業成長に前向きだ。とりわけコロナ禍にあって、デジタルトランスフォーメーション（DX）をはじめ、社会のITニーズは強まっており、AGSのビジネスを質量ともに一気に深掘りできる機会が訪れているからだ。

例えば、コンサルティング子会社を含めたワンストップソリューション。「情報セキュリティやDX、BCP（事業継続計画）など

さいたま市浦和区に構える本社さくら浦和ビル

2021年4月にリニューアルされた社員食堂。打ち合わせなど多目的に利用できる

データセンター「さいたまiDC」増床のオープニングセレモニー（2021年1月30日運用開始）

堅牢なファシリティや万全のセキュリティにより情報システムの安定稼働を実現するデータセンター

植林活動など様々な社会貢献活動を推進

若手社員が事業化計画に向けて取り組む「50周年特別アイデアソン」プロジェクトメンバー

ITに関する相談が増えている」（原社長）そうで、ITコンサルを起点に、システム開発からネットワークの構築、アウトソーシングに至るまで、都市型データセンターサービスの「さいたまiDC」を活用しながら、様々な社会課題に対して最適なソリューションを展開していく。

環境変化を見据えた社内改革

データセンター＆SIビジネスの強化とともに、課題となるのが激変する外部環境にマッチした社内態勢の整備。「魅力的で能力が高い社員が会社の生命線。デジタル化が進み技術で差別化できなくなるなかで、最後は人というソフトパワーがカギになる」（原社長）。このため21年4月に新人事制度を導入し、能力と職務・役割に応じたきめ細かい処遇を可能にした。成長意欲のある社員をサポートし、主体的に行動できる自律した社員の育成を目指す。同時に、自己選択型の階層別研修制度をはじめとする社員教育制度を拡充するとともに、健康経営やフレックス勤務、週4勤務、在宅勤務などの働き方改革を強力に推進している。

近く、SDGsを柱に据えた次期中期計画の策定に入るが、「創業100年に向けて若い世代、次の世代にいかに将来の財産である美田を残していけるどうかが問われる」という原社長。将来に向けどのような財産を遺して行くのか、AGSの次の50年が楽しみでもある。

わが社を語る

代表取締役社長
原　俊樹氏

いきいきと働ける環境を整備

当社は、金融・公共・法人の各領域でコンサルティングからシステム構築、保守・運用まで、幅広い分野でお客様の経営課題にお応えする最適なサービスをご提案し、ITを通じてビジネスや社会のインフラを支える企業として、さまざまなニーズにお応えしてきました。2016年には健康経営宣言を制定するとともに、働き方改革を推進して社員一人ひとりがスペシャリストとして、いきいきと働くことができる環境を整えたところです。創業50年を迎えた今年からは、SDGsへの取り組みを本格化させていくことにしています。これからも創業100年を目指し、様々な環境変化に対応した会社づくりを心掛け、お客様とともに未来を創造し、ITで夢のある社会づくりに貢献してまいります。

会社DATA

所 在 地	埼玉県さいたま市浦和区針ヶ谷4-3-25
設 立	1971（昭和46）年7月
代 表 者	原 俊樹
資 本 金	14億3,100万円（東証1部上場）
売 上 高	連結：209億4,900万円（2021年3月期）
従 業 員 数	連結：1,049名（2021年3月末）
事 業 内 容	情報処理サービス、ソフトウェア開発、その他情報サービス、システム機器販売
U R L	https://www.ags.co.jp

▲ 株式会社アイ・ティ・イノベーション

「お客様と共に感動し、喜ぶ」を理念に500以上の案件実績
——DX推進を大手企業中心に、ゴールまで寄り添うコンサル支援

ここに注目！ ビジネス改革成功への必須要件「最適なIT構築」支援を目指す
プロジェクト達成に必要なノウハウと、人材育成をサポート

　株式会社アイ・ティ・イノベーション（以下ITI）は、DX（デジタルトランスフォーメーション）の戦略や実現にかかわるあらゆる業務支援と、人材育成支援を行うコンサルティング会社だ。日本の大手企業を中心に、DX戦略／推進支援から、IT構想企画の立案、ITアーキテクチャ（エンジニアの発想）デザインの構築、プロジェクトマネジメント支援、それに必要な研修／人材育成支援まで、500以上のIT変革やプロジェクトの支援を手掛け、大きな成果を上げてきた。経済産業省の最新「DXレポート」によると、企業のDXへの危機感は薄く、実施がまだまだ進んでいない。DXが進まないと、業務効率・競争力の低下によって多額の経済損失が発生すると試算されており、ITIの存在意義が高まっている。

DX推進に必要な方法論を体系化。「コンペティターは存在しない」

　ITIの創業者である林衛代表取締役社長は大学卒業後、国内のIT関連企業を経て渡英し、モデルベース開発方法論と統合開発ツールを学んだ。1998年、ITの革新を目指し、ITIを設立した。概念、方法、手順、ツールを組み合わせるメソドロジーを基に、IT組織とプロジェクトを成功に導く方法論「Modusシリーズ」をまとめた。Modusシリーズは、ITIが長年の実務経験で蓄積したノウハウを実用的に体系立てたもので、IT構想企画、MDM（Master Data Management）設計構築、プロジェクトマネジメント（PM）など10に及ぶ。

　ビジネス改革において「最適なIT構築」は本来避けられないものだが、実践は難しく、ソフトウェアやツールの活用が主体になりがちだ。超上流工程といわれるコンサルでは、企業の戦略に基づいたIT構想企画段階で、自社ならではの強みと、他社が追随できない独自性を前提に到達目標を設定し、システム設計構築を支援する。具体的には、ベテランコンサルの知見・経験による現状ITの可視化、ビジネス特性・課題の分析、あるべき全体像、投資対効果、ロードマップ策定を行い、DX成功への道筋をつける。

　ITを構築したら、データ活用が必須となる。ITIではビッグデータ分析、AI（人工知能）導入設計、インドなどの海外リソースも活用したモデル（アルゴリズム）開発など、最先端技術支援も得意としている。

　林社長は「コンペティター（競合他社）は存在しない」と言い切る。「有名な外資系や大手コンサル会社とは違って、当社に頼むのは勇気がいることなのだろう」（同）と話す口調は、"当社に依頼すればいいのに"という自負の裏返しと受け取れる。

経験の蓄積が業界に浸透、永続的な視点でビジネスをみる

　さらにITIが得意とする分野は、PM、プロジェクトマネジメントオフィス（PMO）支援だ。

アイ・ティ・イノベーションの行動指針

DX推進を成功させる5つの柱

20年間、毎年開催しているITIフォーラム

ITIフォーラム受付の社員たち

社員旅行にて集合写真

顧客とオープンコミュニケーションで信頼関係を築き、方法論をベースにプロジェクトの推進方法などを標準化していくには、熟練コンサルタントの知見と立ち位置がモノをいう。

これらの事業すべてにかかわるのが、研修／人材育成だ。ITを使いこなすのは、あくまで「人」。Modus ACADEMYと銘打つ研修の教材を、実務に基づいてオリジナル開発した。ワークショップ中心の講義の多くは現役ITコンサルタントが担う。

このような事業経験の蓄積に加え、①ソリューションを的確に組み合わせたトータルサポート②中立的かつ全体を俯瞰した視点で、お客様と共に悩み、発想し、「正解」への道を進む③当事者意識でプロジェクトの数多くあるタスクに取り組み、高い壁でも乗り越える行動力—の3つがITIの強みとなっている。顧客はITIについて、「カーナビのように、ゴールまで道案内を行う集団」という。運転はあくまで顧客だ。林社長が、世界最大のITアーキテクトの専門団体であるIasa日本支部のファウンダー兼アドバイザリーボードであることも信用を補完している。

2021年7月には日商エレクトロニクス株式会社と資本業務提携を行い、8月にはシステム開発会社の株式会社エクセル・システムプロダクトをグループに迎えた。事業領域は設計開発まで広がる。グループでは従業員数が140人規模となり、売上高は「10億円くらい増える」(林社長)。

林社長は永続的な視点でビジネスをみており、「下請け構造の是正など業界再編にも関与していきたい。DX推進コンサルのノウハウを業界に浸透させるため、当社の出身者から経営者を輩出できればと考えている」と、IT業界の高度化に乗り出す構えだ。近い将来、IT企業でITI出身の社長がブランド化されているかもしれない。

| わ | が | 社 | を | 語 | る |

代表取締役社長
林　衛氏

広い視野とプロ視点で、業界再編成を一緒に考えましょう！

入社した社員は、ITの考えがガラッと変わって仕事が好きになり、長く働いてくれています。ジェンダー、地域、学歴などは様々で、女性比率は40%と高い方です。自由な社風でやりたいことができるうえ、評価制度も公平です。雇用条件は柔軟で、パートナー企業からの出向社員も受け入れています。コロナ禍でテレワークは9割定着しました。

当社は現在、中途採用をメインに、新しい技術にチャレンジしたい人、一緒に新しい時代を創っていく仲間を募集しています。新たな領域、業界再編にもかかわり、ともに歩んでいきましょう！

会社DATA

所 在 地：東京都港区港南4-1-8　リバージュ品川5階
設 立：1998（平成10）年7月1日
代 表 者：林　衛
資 本 金：1億円
売 上 高：10億2,600万円（2021年6月期）
　　　　　18億9,300万円（グループ）
従 業 員 数：51名（2021年6月30日現在）133名（グループ）
事 業 内 容：DX戦略、DX実現にかかわるあらゆる業務の支援、人材育成を行うコンサルティング事業（IT構想・企画策定支援、ITアーキテクチャデザイン／変革支援、AI・ビッグデータ開発支援、プロジェクトマネジメント／PMO支援、研修・人材育成支援）
U R L：https://www.it-innovation.co.jp/
　　　　https://www.it-innovation.co.in/（IT innovation India Pvt.Ltd.）
　　　　http://www.excel-system.co.jp/（エクセル・システムプロダクト）

株式会社アクアシステムズ

データベース×中立×ハイエンドでナンバーワン
——業界トップクラスのエキスパートがデータベースの課題を解決

ここに注目！ データベース領域に特化した高度な技術と確かな実績
中立な立場で最適なソリューションを提供

インターネットを通じて様々な機械やモノがつながるIoT（Internet of Things）が急速に広まり、クラウド上にはあらゆるデータや情報が蓄積されるようになった。こうしたビッグデータを上手に活用するには優れたデータベースが必要となる。株式会社アクアシステムズは、データベースに特化した独立系コンサルティング会社だ。業界を牽引するトップレベルのDBエンジニア集団として最先端の技術を備える。ハイエンド顧客をはじめとする高度なデータベース構築を支援することで顧客企業のデジタル変革を成功に導き、競争力強化に貢献している。

トップ5％のDBエンジニアを目指して

デジタル化の進展によって得られるようになった大量のデータとクラウドコンピューティングの進化により、これまで以上にデータを活用したイノベーションが可能となった。そうした流れを受けて企業や組織は将来を見据え、大量のデータを分析、活用するためにデータベースをさらに積極的に使用するようになってきている。

だが、イノベーションを目的としたデータベース活用では、従来のように堅牢で確実な処理ができるだけではなく、スピードと柔軟性も求められるようになってきている。そのためにはデータそのものを最適に設計、管理するためのデータエンジニアリングのスキルと、クラウドやNoSQLといった新たな基盤技術の知見の両方が必要となっており、とりわけ難易度が高いといえる。そんなデータベース領域に特化したエンジニア集団が、アクアシステムズである。データやデータベースに関する調査・企画から、PoC、要件定義・設計、運用、データ管理組織の育成支援、トラブルシューティングまで、あらゆる工程を請け負う。

エキスパートが集まる同社は、難易度の高いハイエンド顧客をはじめとする数多くの高度なデータベース案件を手がけてきた。その案件は大規模、ミッションクリティカル、国内初といった尖ったものがほとんどだ。例えば、文部科学省所管の国立研究開発法人である防災科学技術研究所の防災プラットフォームのデータ基盤設計や、証券取引所の取引システムのDBチューニングや運用管理など、豊富な実績を持つ。

実際、データベース領域のハイエンド案件に限れば同社は業界トップシェアを誇る。データベースに関わることであれば、企画、標準化、要件定義などの上流工程から、構築、運用まですべてに対応が可能だ。

「常に "上位5％のトップDBエンジニア" を目指して、データ

多様な強みを持つメンバーが支援します

社員の4割は、著書・専門誌連載を執筆しています

家庭や子育てと両立しながら、"自分らしい"キャリアを築く。
営業・プリセールス　安澤

子育てと両立して活躍しています

日本の流行の最先端、銀座にあるオフィスのエントランス

ベースの最先端領域でR&Dを積み続けてきた」と執行役員の川上明久技術部長は語る。難易度の高い課題解決に挑み続ける同社。データベース領域の先駆者として業界を牽引している。

顧客にとってのベストを中立的に提案

　同社のもうひとつの特徴が中立性だ。様々なベンダーが製品、サービスを提供しているが、同社ではすべての主要データベース、プラットフォームに対応している。「特定のメーカーや製品に偏ることなく、顧客の事業や抱えて

いる課題、おかれた環境などを考慮し、"顧客にとってベスト"をプライオリティに最適な提案をしている」（川上氏）。そうした中立的な立場に基づく提案により、高度な案件の課題解決が可能となる。

　「問題点の調査や改善策の提示をするだけではプロの仕事と言えない。その効果を顧客の皆様に実感・体感していただけるまで、上流工程から構築・運用支援まで責任をもってトータルにサポートする。目指すゴールは、お客様の満足、"Satisfaction is Our Goal"だ」と川上氏は言う。データベー

スのプロフェッショナルが、顧客企業のデータベースをベストの環境に導く。それが同社が支持される理由と言える。

　近年では様々な業種や分野で、DX（Digital Transformation）への取り組みが進み、日本でも経済産業省が推奨するなど、DXへの注目度が集まっている。そんなDXに欠かせないのがデータベースだ。データマネジメント体制の構築やクラウド化など、データベースへの要求はこれまで以上に広がり、エキスパートとして同社の高い技術を求める声は尽きそうもない。

| わ | が | 社 | を | 語 | る |

執行役員 技術部長
川上 明久氏

データベースに "データビリティ" を。

　当社はデータベース技術の基礎から最先端までを追求しながら、データベースの情報（データ）に "データビリティ" を与えることを目指しています。データビリティとは、情報（データ）が持つ価値と可能性を最大限に高め活用することです。データベースのスペシャリストの立場から、データベースの堅牢性とパフォーマンスの向上を追求し、「データ活用」を超えた

「真の価値」を得られるデータベースを構築することで、データベースシステムの未来像に挑み続けています。そうすることで高度情報化社会を支え、誰もが安心を満喫できる "Active & Safety" な活力ある社会基盤づくりとビジネスの成熟に貢献したいと考えています。

会社 DATA		
所 在 地	：	東京都中央区銀座3-8-10　銀座朝日ビル6階
設 立	：	1998（平成10）年2月4日
代 表 者	：	赤間 保
資 本 金	：	1,500万円
従 業 員 数	：	45名
事 業 内 容	：	データベース、データエンジニアリングに関するコンサルティング業務を手掛ける
Ｕ Ｒ Ｌ	：	https://www.aqua-systems.co.jp/

株式会社アドバンスト・メディア

音声認識技術を深掘りし国内トップ企業に
——AIの進化が成長発展を後押しする

ここに注目!

日本語の音声認識では GAFA 製品を凌駕
各種業界・業務用の製品・サービスを提供

音声認識技術を深掘りし、各種業界・業務用の音声認識システムを数多く製品化しているのがアドバンスト・メディアだ。コールセンターでの電話音声の文字化＆保存、医療現場における効率的な電子カルテづくり、スマートフォンによる翻訳・通訳支援、自治体および企業での議事録作成…。数多くの用途に同社の音声認識技術「AmiVoice」が活用されている。ただ、鈴木清幸会長兼社長（以下、鈴木社長）は「開拓できた市場の規模は小さい」と、まだまだ未開の市場だらけで、種蒔きの段階であることを強調。これから訪れる、実りの収穫期に期待を膨らませている。

同社は 1997 年に鈴木社長が設立した。鈴木社長は東洋エンジニアリングの研究所から、その当時日本での AI の草分け的な存在の AI ベンチャーに転身。約12年に及ぶ AI の普及活動を経て、人と AI との自然なコミュニケーションの未来づくりを目論み音声認識市場の開拓を始めた。

認識精度の高さで断トツのシェアを獲得

「米国カーネギーメロン大学の天才に巡り合ったのが転機になった」（鈴木社長）。米国国防総省（DARPA）が主催する音声認識の競技会で 1996 年、97 年、2 年連続優勝という偉業を成し遂げたカーネギーメロン大学の音声認識チームと連携し、日本で資金を手に入れ、日本市場を開拓し、10 年後には米国での市場開拓に繋げるという「日米の音声認識市場構築」プロジェクトを立ち上げた。

創業から四半世紀の今、Ami-Voice に代表される同社製品の国内市場シェアは断トツの 1 位。「音声認識と言ったらアドバンスト・メディア」の評価を確立した。その一番の要因は認識精度の高さ。言語モデル、音響モデル、発音辞書などを組み合わせた AI 音声認識技術の蓄積が、競合他社製品を圧倒する高精度につながっ

ている。また、優れた指向性を発揮し、ノイズを排除できるマイクを独自に開発するなど、トータルソリューションとして音声認識ビジネスの「解」を探し出しているのも、高評価の一因となっている。

Siri、Amazon Echo-Alexa、Google Home…。AI 音声アシスタントやスマートスピーカーと言われるものが普及してから久しい。いずれも GAFA（グーグル、アップル、フェイスブック、アマゾン）の製品で、ディープラーニングを駆使して音声認識・音声合成のレベルアップを図り、現在も日々、進化している状況だ。

ブルーオーシャンを創り出す

こうした GAFA 製品と、Ami-Voice をはじめとするアドバンスト・メディア製品の関係についてはどう捉えたらいいのか。鈴木社長は「競合する面もあるが、基本的には市場が異なる別物」と見ている。

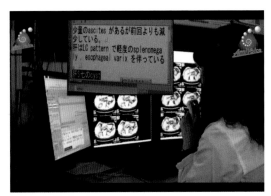

声をその場で文字化する音声認識はその効率性の良さから医療現場やコールセンター、議事録作成など多くの分野で導入が進んでいる

HPへの問合せ等の反響営業がメインだが、展示会やウェビナー等でも積極的に顧客開拓に取り組んでいる

毎年行われる業績表彰。
研修体制の充実や積極的にフォローを行う
社風もあり、若手社員の成長は早い

様々な社内部活があり、社員の交流の場と
なっている。写真はボードゲーム部

GAFA製品が、コンシューマー（消費者）向けであるのに対し、同社は事業者向けの製品・サービスを提供している。その違いに関連して、鈴木社長は「レッドオーシャンに挑むのではなく、ブルーオーシャンを創り出していく」と事業戦略を解説する。

GAFA製品などと競合する場面でも、決して引けは取らない。例えば、文字起こしのサービス会社が、同社製品と米国のG社、M社製品をAI音声認識エンジンとして文字起こしサービスに利用したところ、認識精度の圧倒的な差により、利用者の数に6倍の差がついたという。英語ならいざ知らず、こと日本語の音声認識に関しては、他を大きくリードしているようだ。

現在、同社は、主力製品となるコールセンター向け音声認識システムのほか、医療、モバイル、建設・不動産、製造、物流、自治体など、広範な分野に、それぞれの事業者に最適な製品・サービスを提供している。それらの市場動向について、鈴木社長は「米国での市場開拓の成功体験を参考にし、未開拓の市場をこれから本格的に立ち上げる」「ディープラーニングがもたらすAIの進化と知識表現をベースとした旧来のAIの進化とのハイブリッドが市場拡大を後押しする」と見通している。

こうした見通しのもと、同社では5年後の2025年を見据えた中長期の計画を発表した。これには、2025年度に売上高100億円を達成する（2020年度実績は44億円余）としている。

｜わ｜が｜社｜を｜語｜る｜

代表取締役会長兼社長
鈴木 清幸氏

働くことで成長する

2012年に「スマホは声で動かせ」（ダイヤモンド社）という本を書いています。マンマシンインターフェースは、キーボードからマウス、スマホの画面操作と進化していますが、その先に音声があるとの見立てです。実際、ディープラーニングがもたらしたAI新時代が、「声で書く」といった文字化の価値を顕在化し、いよいよ、AIを含むあらゆるものを「声で動かす」価値の顕在化を現実のものにしようとしています。当社は、既に声の文字化のビジネスにより日本の音声認識市場において圧倒的なトップシェアを維持しており、これから「声で動かす」新技術・新製品の市場投入により音声認識市場のさらなる拡大を実現しようとしています。

これらのイノベーション力をさらに強化するため、文理問わず広く人材を求めています。もちろん、AIやコンピュータサイエンスなどを学んだ学生、あるいは、プログラミングの腕に自信のある学生は大歓迎です。当社のクレド（信条）である『麗和』は、「働くことで成長し、生きることと生きる目的を叶える」といった意味を持ち、当社はその実践の場となっています。成長志向で、まだまだ伸び代があると自負している人は、ぜひ、アプローチしてみてください。

会社 DATA	
所 在 地	東京都豊島区東池袋3-1-1　サンシャイン60 42階
設 立	1997（平成9）年12月
代 表 者	鈴木 清幸
資 本 金	69億3,031万円（東証マザーズ上場）
従 業 員 数	連結：230名（2021年3月末現在）
事 業 内 容	音声認識ソリューションの企画・設計・開発・販売、関連サービスの提供
U R L	https://www.advanced-media.co.jp/

モノづくり

ＩＴ／ソリューション

社会インフラ

商社・サービス

建設・不動産

株式会社アルファTKG

製造業のための真のDX「ニューノーマルファクトリー」
——独自開発AIでレガシーを生かしたモノづくり革命

ここに注目! 高度なソフトウエアと最新ハードウエアのシナジー効果
中堅・中小製造業向け業界初ボトムアップIoT

多くの製造業は図面・CAD/CAM（コンピューター利用設計・製造）・生産情報をバラバラに管理している。図面データにCAD/CAM・生産情報を紐づければ段取りとフィードバック工程を大幅削減できる。モノづくり企業にソフトウエアソリューションを提供する株式会社アルファTKGは、協働ロボットなどの最新ハードウエアと高度に連携することで国内製造業がグローバル競争で優位性を確立できると言い切る。製造業のIoT（モノのインターネット）・デジタル変革（DX）を推進する業界初の次世代工場ショールーム「板金IoT・DX実証加工センター」を神奈川県厚木市に開設して普及拡大を加

速させている。半年で100社を超える企業が訪れ、ニューノーマルファクトリー（NNF）をコンセプトにした"未来工場"を体感。9割以上の企業が共感した。

AIなどインドで研究・開発

アルファTKGは顧客の現有資産（レガシー）を大切に「既存の生産設備とIT環境を生かし、当社が提供するソフトウエアソリューションと合わせることで、次世代工場を構築する」と話すのは、髙木俊郎社長。大手金属加工機械メーカーに37年間勤め、欧米拠点の責任者を経験して、日本の製造業を俯瞰でき良し悪しが分かった。NNFは中堅・中小製造業が容易にDXを実現できる実践

手段を明確化しており、レガシーを生かしたシステムを段階的に拡張する「ボトムアップIoT」を基本概念としている。「NNFは人間（熟練工）と最先端ソリューションが協働する自動化工場であり、マシンを無人で動かす自動化工場は、NNFのコンセプトではない」（髙木社長）。

アルファTKGは設立時からインドでソフトウエアソリューションの研究・開発をしている。アルファTKG開発センター（インドチェンナイ市）、グループ会社のアルファTKGインディア（同）がインド工科大学などと産学共同で進めている。ソフトウエア「alfaDOCK（図面管理）」「alfaCAD」「alfaERP（生産管理）」を主力に、

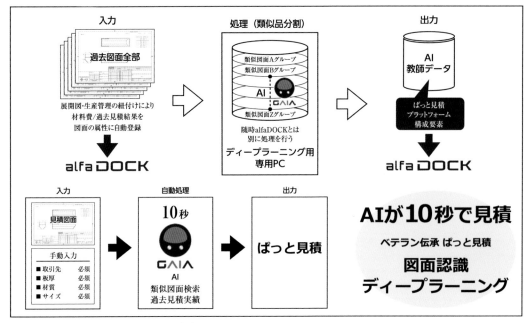

AI「GAIA」が10秒で見積もり作成する「ぱっと見積」

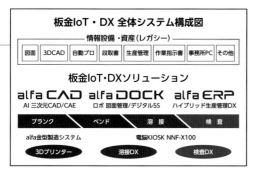

3つの主力
ソフトウエア

「alfaDOCK」
の3大技術

全体システム構成図

最新の3次元（3D）プリンターを活用した「alfa金型製造システム」、高セキュリティーなオンラインミーティング機能などで製造現場のリモート化を支える「電脳KI-OSK」など、高度なソフトと最新ハードの連携で生まれるシステムを日々、バージョンアップし、日本の生産現場の発展に貢献する。

同社ソフトウエアの頭脳といえる顧客のレガシーと最新ソリューションをつなぐシステム「ハイパーリンク」、独自開発のRPA（ソフトウエアロボットによる業務自動化）、製造業に特化した人工知能（AI）の「GAIA」を駆使し、必要な図面を即座に探し、工程進捗も瞬時に見える化できる。

段取り、フィードバック時間を大幅削減

顧客の膨大な生産情報と「alfaDOCK」「alfaCAD」「alfaERP」を掛け合わせることで、製造業全般の工場の真のDXを実現する。主に中堅・中小モノづくり企業幹部が携わり、多くの時間を割いている見積もり作成業務を解消できるシステムを完成した。AI「GAIA」が10秒で見積もり作成する「ぱっと見積」だ。さらにソフトとハードの融合を進め、協働溶接ロボットを活用した溶接の自動化、3D測定機を使った検査工程のイノベーションを提供する。最先端ソリューションでエンジニア支援サービスを提供するエンジニアリングDXも拡充。「段取り、操作、加工、メンテナンス、フィードバック時間を大幅削減するNNFの効果を国内製造業に広めていく」（髙木社長）。

| わ | が | 社 | を | 語 | る |

代表取締役
髙木 俊郎 氏

中堅・中小製造業のDXに貢献

アルファTKGは、「モノづくりIoTシステム」ベンチャー企業として、2014年3月に設立しました。当社は、私と社員全員が中堅・中小製造業に精通した経験と職歴を持ち、ソフト・制御業界の技術を探求してきた経験を生かし、国際社会に精通するネットワークを活用して、中堅・中小製造業のDXに貢献することが使命です。設立以来インドチェンナイ市に開発センターを設け、インド工科大学など、インド著名大学との産学共同で研究・開発しております。

「alfaDOCK」は当社の主力ソリューションとして、数多くのお客様にご愛用頂いており、このたび製品ラインアップを拡充、次世代の新システムを提供しております。新製品・ソリューションは、2021年3月に神奈川県厚木市にオープンした「板金IoT・DX実証加工センター」で詳細解説します。是非ご来場ください。テクニカルセンター（東京都中央区）、板金IoT・DX実証加工センター（神奈川県）、開発センター（インド）の3拠点をベースに、お客様のDXとサスティナビリティー向上に貢献する次世代ソリューションを提案します。

会社 DATA	
所 在 地	東京都中央区日本橋本町4-1-13-701
設 立	2014年（平成26）年3月3日
代 表 者	髙木 俊郎
資 本 金	5,200万円
従 業 員 数	70名（2021年9月現在）
事 業 内 容	製造業向けDX・IoTソリューション研究・開発・販売
U R L	https://a-tkg.com

ジェット・テクノロジーズ株式会社

IT業界では珍しいシステム基盤構築のスペシャリスト集団
——金融システムはじめ他社にマネできない営業・提案力、人材育成

ここに注目！

カード決済など金融参入が相次ぎ、システム基盤構築のニーズ拡大
設立16年で売上高25億円、社員を今後5年で倍増の240人へ

ジェット・テクノロジーズ株式会社はシステム基盤技術に特化することで、銀行などの金融機関をはじめ、私たちの暮らしに欠かすことのできない基幹システムをサポートしている。情報システムの企画、設計、開発、構築、導入、保守、運用などを一貫して請け負うSIサービスを、インフラ構築技術を中心に展開している。システム基盤構築は「プログラミングやネットワークと異なり、大学であまり教えない分野」（星野嗣教代表取締役社長）。人材育成もままならず、「IT事業者はアプリケーションが9割、インフラ系は1割」（同）となっている。そのシステム基盤で「人材育成の土台をつくり、他社がマネできず、マネしても割に合わない」（同）状況を構築したことが強みとなっている。

事業計画発表、社員旅行、忘年会などで互いを知り、連携体制構築

ジェット・テクノロジーズは、星野社長が伊藤忠商事系システムインテグレーターからスピンアウトし、38歳の時に立ち上げた。

当初は3人でスタート。「システム基盤技術は、アプリケーション開発のように作業量が大きく膨らまないためうまみが少ない。しかし、不景気のIT投資抑制の時でもシステムは決して止めることができないため、システム基盤技術のニーズは途絶えることがない」（星野社長）との読みは当たり、16年間で売上高は24億8000万円（2021年2月期）へと順調に拡大した。売上の7割は難易度が高い金融分野であり、様々な業種からカード決済事業などの金融参入が相次ぐいま、成長の伸びしろが大いにある。

社名はジェット機に由来している。ジェット機が飛び続けるためには、常に噴射し続けなければならない。「お客様にとって最良のサービスを提供し続ける。しかも、これが当たり前にできるようになる企業を目指す」（同）との思いを「ジェット」に託した。

そのために、営業・提案力、人材育成、プロジェクトマネジメントといった仕組み構築は「筋トレ中」（同）と称し、力を注いできた。「お客様のビジネスモデルを

ITで実現するSI企業を目指すには、3年、5年先を考えながら仕掛け、先手を打っていく必要があり、それに応じたキャリア形成をしなければならない」（同）というわけだ。「プロジェクトは誰と組むか分からない。社員相互の人となりを分かったうえで、役割を決めてチームをつくり、連携し合うことがより高い成果を生む」（同）との考えから、意図的に事業計画発表会、社員旅行、忘年会、課別のイベントなどを行ってきている。

"お客様のビジネスモデルをITで実現"する目標は「いま5合目」（同）という。ITは、「既存の業務の効率化」から、「新しいビジネス立ち上げのため」へと変化してきている。技術もオンプレミスからクラウドへと移行している。「一からつくるのではなく、様々な製品やサービスを組み合わせて短期間に構築するニーズが強まるだろう。今後5年間で社員数を120人から240人へと倍増し、複数案件に対応できるようにする」（同）と、5年後の頂上到達を目指している。

「OJT研修」年齢の近い社員が教育を実施しています

「JET Day」年に1度実施している事業方針説明会で各課の情報共有

女性や若手社員も多く活躍しています

「懇親会」社歴関係なく相談しやすい環境づくりに取り組んでいます

「東京本社ビル」新宿駅から徒歩10分

自然言語処理、AI基盤、生保新商品のシステム基盤を"開拓"

　最近の特徴的な受託案件を紹介しよう。まずは、ある研究所から委託された自然言語処理のシステム基盤。画像処理に特化した処理装置であるGPUをクラウド上で数百台つなぎ、並列処理で大量の言語データを収集・分析してAI（人工知能）化する。これにより、言語の形態、構文、意味、文脈の解析が瞬時に行えるようになる。

　また、ある銀行からは郵便物を画像解析し、AIによって該当部署に振り分けるシステム基盤を受託。大手銀行に届く郵便物は膨大な量にのぼり、その業務を効率化できるという。

　生命保険会社からは、多品種少量化している商品を素早く開発するためのシステム基盤を受託している。システムはクラウドをプラットフォームとして、アプリケーションはプログラムを機能ごとに分け、組み合わせて使うアーキテクチャを採用。プログラム修正を容易にする。保険会社のコアビジネスの一環となる新商品開発のシステム基盤のため、そこで培ったノウハウは他の生保会社にも展開できそうだ。

　星野社長は「システム基盤では、技術のど真ん中である設計・実装を手掛けており、競合はあまりいない」と優位性を語る。そのバックボーンとなる人材教育については、「新卒は入社後、IBMの教育制度を活用した3カ月研修を行い、その後は現場で先輩社員についてOJTを半年くらい。2年目からは実プロジェクトに携わり、3年目から成果を出すイメージ。キャリアパスは長期目線で」（同）と時間をかけている。「多様な案件がくるので、幅広い技術を網羅しなければならない。技術者が自ら製品・技術を触り、検証することで一つ一つ実現している。そうして未開の領域を切り開く」（同）と、システム基盤構築による社会貢献に向けて熱い志を抱いている。

｜わ｜が｜社｜を｜語｜る｜

代表取締役社長
星野 嗣教氏

新卒採用は理系・文系が半々、スキルアップできる環境を構築

　新卒の応募は理系が圧倒的と思われがちですが、実は採用ベースで理系と文系は半々くらいです。実践型研修だと、テストで文系が理系を抜いていくこともよくあります。

　自分と違う意見でも、正しいと思ったら受け入れる。そういう素直な人は吸収力があって成長するため、ぜひ採用していきたい。仕事は面白いと思えるところまでいくと勝ちです。やりが

いもあるし、新しい技術の仕事もできるようになります。スキルアップできる環境を構築していますので、そこまで皆、いってほしいですね。

　学生の皆さんには、年齢が近い社員の生の声を聞いてもらい、どういう場所で、どういう人たちと仕事をするのかなど、入社後のイメージが分かるようにしています。ぜひ、ご一緒にシステムインフラを創造しましょう。

会社 DATA	
所　在　地	東京都新宿区西新宿7-21-3　西新宿大京ビル6階
設　　　立	2005（平成17）年3月10日
代　表　者	星野 嗣教
資　本　金	1,400万円
従 業 員 数	120名（＋協力会社150名）
事 業 内 容	システムコンサルティング、インフラ設計構築・運用、各種ミドルウェア製品の導入、Webアプリケーション技術開発、業務アプリケーション設計・開発、各種パッケージのカスタマイズ、各種プロダクト製品、ハードウェア／ソフトウェアの販売
U　R　L	https://www.jet-t.co.jp/

株式会社テクノコア

常識にとらわれない発想でIT人材を養成
──のべ900社に8000人のITエンジニアを送り込む

ここに注目！

教育事業とシステム開発事業の二本柱によるこれからの成長性
ヒューマンスキルを重視した独自の教育プログラム

「卒業認定を取得したのち、3カ月経っても正社員でIT企業に就職できなければ受講料は全額返金します」。こんな触れ込みでIT技術者養成スクールを立ち上げた男がいる。就職氷河期と言われた2005年。就職にあぶれる20代が多くいた時代だ。「名も知れない小さな会社がIT技術者を養成したところで、どこが雇ってくれるのか」。当然予想された周囲の反発に、男は「受講生が求めているのは資格ではなく就職だ。よそと違うことをしなくては新たな道は開けない」と確信し、教育事業を実行に移した。それから15年、就職保証サービスは世に広がり、スクールは株式会社テクノコアの教育事業「AxiZ」として、900社8000名のエンジニアを育成するまでに成長した。

「社会を知らない若さゆえにできた話。いま考えれば零細が就職保証なんて論外だ」。2020年9月、父である先代に代わりテクノコア社長に就任した鎌田景史氏は、自身の企画と行動をこう笑って振り返る。1999年に創業した同社は、流通系、情報通信系、金融系を中心に幅広いシステム開発を手掛け、客先常駐型開発を軸にしたシステムインテグレーター（SI）事業を営んできた。周囲に乞われてテクノコアに合流した鎌田氏が果敢に挑戦し、拡大させてきたのが、IT人材の教育事業である。いまなおシステム事業が売上全体の約3分の2を占めるが、収益的には教育事業が3分の2以上を占めるという。

教育とシステムの二刀流社員

教育事業「AxiZ」の最大の特徴は、IT企業が求める社員像に合致した教育プログラムにある。鎌田社長は、「単なるITスキルを育成するのではない。システム開発といえども基本は"人対人"。まずは『はい』と言える社会人としての素養を養うことが重要」と説明。ITスキルだけでなく、どんな組織でも即戦力として働けるヒューマンスキルを重視したプログラムになっている。さらにスクール運営主体のテクノコア自体が、SIであることも大きい。同社システム事業の社員も本人の希望と適性により講師になることがあるほか、教育事業の社員はローテーションでシステム開発に携わる。これら二刀流の社員によって、顧客の要望のほか現場で持ち上がる課題や最新の情報をカリキュラムに投入することで、より実践的な研修が可能になる。

現在は、これから就職を目指すためのプログラムはなく、企業の新卒社員向け講習と中途・現役社員向け講習が二本柱。顧客の多くは大手IT系の企業だが、なかには物流商社の情報システム部をまるごと対象にしたオーダーメイド型の研修実績もある。リピート率は95％に及び、ヒューマンスキ

少人数編成の組織体制で繋がりを重視している

料理を通じて工程管理を教えるなど独創性が高いカリキュラム

顧客リピート率の高さは業界トップレベルにある

最近では技術研修以外のサービスもリリースしている

ル重視の講習内容が、多くの企業に支持されていることを裏付ける。

人とつながれる社内環境

すでに2030年度を最終年度とする社内長期ビジョンを掲げた。今後も「AxiZ」を成長事業に位置づけ、今後9年間で教育事業の収益を倍増させる一方、システム事業では、若い世代の社員を中心にした自社サービスの開発を目指す。「かつての自分がそうだったように、大胆で構想力が豊かな若い人の力を最大限に活かしたい」（鎌田社長）。これと同時に、現在システム開発の主流となっている客先常駐型の業務比率を50%程度に縮小していく方針で、社員全体の帰属意識を高めていきたい考えだ。

「所詮モノづくりは、人と人の交わりのなかでできるもの。どんなにコミュニケーションツールが発達しても、人と人が直接交わることの必要性はなくならない」と強調する鎌田社長。すでに社員有志で創設した自発的な勉強会や、イベント活性化グループなどもあり、いつでも人とつながれる社内環境がある。5年前の取締役就任以後は組織改革や社員教育にも力を入れ、3人一組のチームを基本にした組織編成や、所属長の目で採用し所属長の責任で育てる人事方式を導入、ここ数年で離職した人はわずか一人という。人間臭さを全面に打ち出すテクノコアの存在は、ITビジネスに最も必要な何かを映し出している。

| わ | が | 社 | を | 語 | る |

代表取締役社長
鎌田 景史氏

感動を創造する企業へ

ITのことも教育のことも知らず、お金も人も無いなかで、気概と情熱だけで教育事業を始めましたので、固定観念にとらわれず自由に発想し、何事にも恐れず立ち向かっていける挑戦意欲がありました。だから当社の採用条件には、ITスキルはありません。ITスキルの有無よりも、自分を高めていく気概と情熱があるかどうかが大切です。自分の考えを持ち、相手の考えに耳を傾け、自らを変革しようと努力していくヒューマンスキルを求めています。どんなにIT技術が進化しようとも、物を創り出すのは人間だからです。当社はこれからも人を活かす事業を通じて「感動を創造する企業」の実現に挑戦し続けます。

会社DATA	所　在　地：東京都中央区日本橋本町3-8-4　日本橋ライフサイエンスビルディング
	設　　　立：1999（平成11）年4月
	代　表　者：鎌田 景史
	資　本　金：4,100万円
	従 業 員 数：55名（2021年8月1日現在）
	事 業 内 容：教育事業：技術系新卒新人向け研修サービス、現役技術者向け先端技術研修
	サービス等　システム事業：Web系システムの設計・開発、クライアント
	サーバシステムの設計・開発、データベース構築・運用等
	Ｕ　Ｒ　Ｌ：https://www.techno-core.jp

商社・サービス

▲ 株式会社ディープコム

社員が自らの個性や考えを存分に表現し、活躍できるITシステムのプロ集団
——顧客に寄り添い、運用で失敗させないシステムを構築

ここに注目！ 「この仕事ならば、この会社しかない」と認められる差別化戦略
「人生も仕事も楽しんでもらう」ための職場環境整備

ディープコムはシステム開発を手掛けるITベンチャー。創業者でもある深田哲士社長は「IT業界には深夜までの残業は当たり前で、ブラック企業のイメージがつきまとっていた。やり方次第でホワイト企業にできるはずだ」と考えていた。ブラック企業になってしまうのは、仕事を取りたいがための過当競争に原因がある。そこで同社が取り組んだのは、「この仕事ならば、この会社しかない」と認められる差別化戦略だった。

大きな転機となったのは2016年に同業他社とのM&A（企業の合併・買収）で発足した「MS開発部」だった。同部は「SharePoint」「Azure」などマイクロソフトの企業向けソフトを利用したクラウドシステムを提供している。現在ではクラウドを基盤としたシステム構築が当たり前となり、これを利用したデジタルトランスフォーメーション（DX）の重要性が増している。ディープコムの基本姿勢である「ユーザーが独自に運用できる」システム提供のあり方が大切になってきた。

大規模システムや様々なITサービス・製品を導入している企業でも、地方の拠点や営業職個人ではマイクロソフトの「エクセル」や「アクセス」を使った旧来の方法で業務管理しているケースも多い。同社はそうした事業所向けに情報システムの最新ノウハウを教育してきた経験から、ユーザーが独自に運用できる手段を提供できるのが強みだ。

インバウンドマーケティングの活用で対面営業よりも成果

さらに未曾有のコロナ禍で、同社が5年前から取り組んできたインバウンドマーケティングも大きな成果を上げている。アポイントを取って顧客にアプローチする従来の営業スタイルが、テレワークなどの普及により変革を迫られている。同社はすでにネット上で展開するインバウンドマーケティングを駆使した営業に取り組んでいたため、外部環境の変化でむしろ大きな成果をあげることに成功した。

例えば入社1年目の社員が開発したマイクロソフトの「Power Platform」を利用した「安否確認アプリ」では、その開発の手順やノウハウをまとめた「ホワイトペーパー」をウェブ上で無料公開した。災害時にいち早く従業員とその家族の安否を確認できる情報共有ツールだが、自社で構築すれ

Gold
Microsoft
Partner

Microsoft

マイクロソフトゴールドパートナー認定企業

多様な人材が活躍できる職場

システムによる業務分析後の帳票

フリースペースでの社員交流のひととき

ば初期費用や月額課金なしに利用できる。これをきっかけに「もっと高度なシステムを構築してほしい」との受注や引き合いも増えている。そうした事例を積極的にインバウンドマーケティングで情報発信し、同規模のライバル企業では開拓できないような大手企業との新規取引も実現した。

　顧客企業の課題を解決する手段として多様なニーズに応えるため、研究開発的な新規案件にも取り組む。そうした新しい技術を提供するためにディープコムが重視しているのは、社員に「仕事の楽しさ」を知ってもらうこと。社長を含む取締役3名と創業時からの

メンバーは趣味嗜好の違いはあれ、人生も仕事も楽しんでいる。事業で多くの困難にも直面し、サブプライムショックや東日本大震災、コロナ禍など業界のみならず日本や世界に深刻な影響を与え、人々の価値観が変わるほどの危機的な局面でも仕事を楽しんできたという。

成長に甘んじず、常にチャレンジする

　ディープコムはこの5年間で大きな成長を遂げているが、深田社長は「常にチャレンジャーであることを忘れないようにしたいと考えている」と話す。移り変わりの

激しいIT業界の最先端技術を常に追い続けることで、社員には巨大なIT業界の中でも自己表現ができ、「仕事は楽しいもの」と実感できる会社を目指している。

　新卒採用を始めてからおよそ5年が経過し、社内には若いメンバーが増えた。同社は年齢や職位に関係なく、社内の誰とでも自由に会話できる環境を大切にしている。昨年も新卒社員の意見を踏まえ、住宅手当とは別枠で若手限定の「家賃補助」制度も創設した。年間休日126日、月間平均残業時間10時間25分、年間平均有給消化日数9日と、ライクワークバランスも良好だ。

| わ | が | 社 | を | 語 | る |

代表取締役
深田 哲士氏

10年、20年、30年先の技術ベースがある

　設立当初は私1人が請負で仕事をしていました。その後は社員も増え、グローバル企業との仕事を多数抱えることに。システム構築だけでなく実際の運用まで顧客に寄り添うことで、高い信頼を得たのだと思います。通常、ITシステムの構築は「導入」「何をさせるか」「運用」の順だが、わが社では「運用」から始まり、「何をさせるか」を振り返って、最後に何を「導

入」するのかを考えます。これにより顧客が使いもしない設備を導入するコストが省け、「思ったような運用ができない」と迷惑をかけることがなくなる。現在はマイクロソフト製品を取り扱うようになったため、顧客は中小企業まで広がりました。今後もわが社にできることを幅広くアピールしていきたいです。

会社DATA

所　在　地	東京都台東区浅草橋1-9-13　Biz-ark浅草橋駅前9F
設　　　立	2010（平成22）年3月
代　表　者	深田 哲士
資　本　金	1千万円
売　上　高	15億6百万円（2020年12月期）
従業員数	86名（2021年9月1日現在）
事業内容	■クラウドアプリケーション設計、構築、コンサルティング ■基幹系・情報系システム、提案、コンサルティング及び開発
U　R　L	https://deepcom.co.jp/

株式会社パワーエッジ

特定業界に依存しない全方位SESで創業来の営業増益
——2019年以降の相次ぐM&Aで成長加速へ

ここに注目！ 自社開発パッケージと幅広い顧客で安定成長基盤を確保
失敗から生まれた人ありきの企業文化

　自分で起業した会社なのに出社するのが嫌になった。大手IT企業の内定を得ながらも、取引先の勧めもあって自ら立ち上げたソフトウェア会社のことだ。設立から2年あまり、業績は順調に伸びていた。けれども当時の社員には会社に対する愛がなかった。自身も社員に愛情を注げなかった。創業メンバーの副社長に会社を譲って、新たに会社を興すことを決意する。2000年10月、こうして誕生したのが、SES（システムエンジニアリングサービス）とパッケージ開発販売の株式会社パワーエッジだ。

　塩原正也社長は、「人物面よりもスキルを重視していたのが最初の会社。今はスキルが高いだけでは採用しない。スキルは教育できるが、人と成りは簡単には変わらない。社員が失敗したときでも、ちゃんとカバーしてあげたいと思える社員を採用することにしてい

る」と、以前の反省を込めてこう語る。実際、同社の社員にはプログラム開発とは無縁そうな文系出身者が少なくない。最近は新卒採用が中心だが、「文系、理系は関係ない。むしろ人事・給与や販売管理などのシステムは文系の人が使うもの。顧客側のルールとか要望の要点を押さえてプログラミングするには、文系のアタマがいる」（塩原社長）と、プロジェクト遂行能力の重要性を強調する。

得意分野はないが苦手分野もない

　現在の事業領域は、金融系や一般企業向けの各種業務管理システム開発とアパレル・飲食業向けのPOSレジ、製造業向け販売管理パッケージの開発・販売に加え、ネットワークソリューション、スマートフォンアプリ開発、ITサポート業務など幅広い。「得意分野はない。けれど苦手分野もな

い。教育するのは大変だが、専門を作らず全方位の技術者がいることが強み。どんな業種や業態でも対応する小粒のシステムインテグレーター（SIer）のような存在。自社パッケージ開発も、社内のスキルアップという社員教育的な狙いがある」（同）と、解説する。

　ある分野に専門特化した国内IT企業の成長鈍化は珍しくない。パワーエッジは、どんなに高額・高単価な仕事でも全体の10%を上限に留めることを基本に、特定の業界業種に資源集中させていない。逆に守備範囲を着実に拡大し、顧客を増やしていくことが最大の守りになるという考えだ。その甲斐あって創業以来、営業増益を連続更新中。売上高も大型案件のあった翌期を除き、増収続きという堅実な成長ぶりを見せている。

社員全員参加してゲーム感覚でSESのシミュレーション。営業的センス、交渉力などを磨きます！

リフレッシュスペースでちょっと一息

システム部部長からの愛あるご指摘

制度を利用して高尾山へ、中腹のビアガーデンで宴会

夜景を見ながらちょっとリッチにパーティ開催

怒濤の勢い、相次ぐM&A

　もう1つの成長ドライブになり始めたのがM＆A（企業・事業の合併＆買収）。2019年以降だけでも、7つものM＆Aを成立させている。専門分野に特化したパッケージ販売会社など規模はさまざまだが、いずれも優秀な技術者を抱えながらも成長鈍化や後継者不足に直面している企業だ。塩原社長は、「今後も成長を続けるためには、大資本の企業傘下に入るか、自社を中心としたグループ企業化しかないと考えた。当面はM&Aを続けていく」という。

　これら企業の代表はすべて塩原社長が兼務しているが、「会社にはそれぞれの文化がある。パワーエッジの文化に染めることはしないが、自分がハブとなって企業間で人や仕事の融通を進めている」と語る。例えば、これまで受注を控えていたウェブサイト構築。デザインを得意とするグループ企業に案件を振り分けるなど、グループリソースを柔軟に補完し合うことで一段の成長を呼び込む。

　いまは魅力あふれる社員に囲まれ、「毎朝の出社が楽しい」という塩原社長。精力的に企画してきた多様な社内イベントも、「もう昭和のイベントは流行らない」と社員がイベントを企画するように就業規則を改変。3人以上が参加する企画があれば迷わず1人5000円の助成金を出すことにした。今後は「いつでも上場できるだけの財務とガバナンスを築く」とともに、2030年の売上100億円を掲げる。塩原社長が理想とする「社員が自信を持って誇れる会社」の実現は、すぐそこまでやってきた。

IT／ソリューション

商社・サービス

建設・不動産

｜わ｜が｜社｜を｜語｜る｜

代表取締役
塩原 正也氏

働く社員が主役

　システム開発の上流工程をターゲットに会社を設立して20余年、現在は幅広いお客さまの課題を解決する特定の業態に依存しない全方位対応のSIerとして成長してきました。4つの自社開発パッケージと豊富な技術者によるSESを軸にして、社員数1000人、売上100億円の長期目標を掲げ、最近はM&Aを積極的に行っています。今後は上場企業と同等の社内体制を早期に確立し、株式上場を見据えていく予定です。一方で、会社が大きくなろうとも、そこで働く社員が主役であることに変わりはありません。仲間とともに生き生きと働ける環境づくりを推進し、社員一人ひとりが自分の会社を自慢できるようないい会社を目指してまいります。

会社DATA	
所 在 地	東京都豊島区池袋2丁目43番1号　池袋青柳ビル9F
設　　立	2000（平成12）年10月
代 表 者	塩原 正也
資 本 金	5,700万円
売 上 高	19億2千2百万円（2020年7月期）
従業員数	190名（2021年7月現在）
事業内容	パッケージソフトの開発・販売、各種管理システムの開発、ネットワークソリューション、アプリ開発等
U　R　L	http://www.poweredge.co.jp

株式会社プラネット

消費財流通の情報インフラで企業と人の未来を切り開く
——安全で中立なサービス、標準化したサービスを継続して提供できる技術

ここに注目！ 最新のICTを武器に公平な標準化を実現させて業務効率をアップ
商流から物流まで幅広く網羅できる可能性を秘めたサービス内容

株式会社プラネットはメーカー、卸売業、資材サプライヤーとの商取引の基幹となる受発注、出荷、請求・支払いなどのEDIサービスを提供している。EDIはElectronic Data Interchange、すなわち電子データ交換で、各企業がコンピュータを通じデータをやりとりすることで、業務の効率化を実現できる仕組みだ。

しかし、精度の高いデータをより多くの取引先と効率よく交換するためには、仕様がバラバラでは使えず、標準化されたデータのやりとりが必要になる。プラネットはこの標準化を軸に、企業間の確実なデータ交換を可能にした企業なのである。

競争と協調で業界全体の成長を支える

プラネットは1985年、ライオン、ユニ・チャーム、資生堂など日用品・化粧品業界の主要メーカーが出資して、日本初の業界特化型のEDIサービスを構築するために設立した。「"企業の壁を取り除き、協調して業界標準仕様に合わせる"というプラネットの取り組みは、当時としては先進的だった」と社長の田上正勝氏は語る。

転換期となったのは1997年。業界大手が参加して、データ量は一気に増えた。その後も参加企業は増え続け、現在では日用品・化粧品業界のメーカー・卸売業間のかなりの部分でプラネットのEDIが使われている。業界の壁を越え、ペットフード・ペット用品業界、OTC医薬品業界にも広まり、取引企業は、2021年8月末までに1453社。消費財流通の情報インフラを提供する企業として、無くてはならない存在となっている。

田上社長は「プラネットは、一社の効率化を追求するのではなく、中立的な立場で全体最適を目指し標準化することで、すべての参加企業が健全に成長できる基盤づくりを行っています。健全な企業間の競争と協調の両方を実現させています」と語っている。

業務の効率化に最適

メーカーは卸売業など取引先と

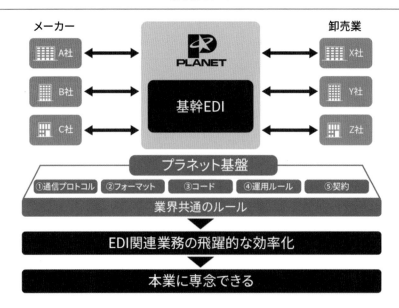

標準化されたEDI

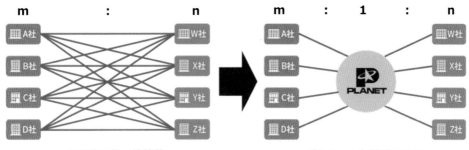

m : n → m : 1 : n

取引先の数＝接続数
取引先数が増えるほど、システム負荷が大きい

プラネットと接続すれば
複数の取引先と一つのシステムでデータ交換が可能

個別のデータ交換からプラネット利用のイメージ

個別にデータのやり取りを行っているが、その仕様は取引先によってバラバラで、標準化されていないのが一般的だ。EDIの標準化の要件は、プロトコル、フォーマット、コード、運用ルール、契約の5つ。これらの要件を細部まで標準化することで、コンピュータシステム、マスタ管理者、運用担当者の作業負荷を軽減し効率的なEDIが可能になる。ある企業の受注部門では約30名いた受注担当者を、たった2名にまで縮小できた事例もある。

最近では大規模自然災害に備えたデータの安全性の確保や、災害時でも安定したサービス提供を実現することが求められている。プ

ラネットは一部地域に震災が起きても、通常業務が継続できるように、データセンターと運用支援を行うコールセンターを二拠点に分散して、安全性を確保している。

物流や新たな業務改革のツールにも

受発注から決済分野で威力を発揮してきたEDI。さらに進歩して、今、注目されているのが物流分野のロジスティクスEDIだ。物流の課題は各企業で異なり、企業のセンターごとにも課題がある。「業界の枠を超えた物流の効率化・最適化を進めることで、ドライバー不足やCO_2削減に役立ち、さらにはSDGsへの取り組み

にも貢献できる」と期待している。特にロジスティクスEDIのデータは、配送状況のやり取りで検品業務などの効率化が期待できる。現場で働く一人ひとりの困りごと、いわゆる「ペインポイント」を解消し、「ゲインポイント」に変えることができると田上社長は考えている。

コロナ禍によりいったんストップしてしまったグローバル化の流れも、これから少しずつ進展し、EDIの重要性はますます高まっていく。創業以来36年を迎えた今、流通業界ではすでになくてはならない存在となったプラネット。今後もその動向が注目されている。

｜わ｜が｜社｜を｜語｜る｜

代表取締役社長
田上 正勝氏

働く人が主役の会社

EDIは基盤となるマシンの進化に対応し、5年ごとにマシンの入れ替えを実施してきました。AIやブロックチェーンなどの最新技術の調査・研究などを通して、常に業界を見据えた技術を取り入れています。こうした進化に柔軟に対応するためには、組織も人も柔軟でなければいけません。人事評価も個人の成長を基準としたものに見直した結果、「新しいことにチャレンジしてみよう」という前向きな意識が広がり、新しい取り組みの企画、提案につながっています。私自身も、社員の提案にはノーと言わないように心がけています。また、ワークライフバランスを大切にしていて、希望により在宅勤務が可能です。働く人が幸せで成長し続けることが、企業の存続と成長につながると信じています。

会社DATA

所 在 地：東京都港区浜松町1-31　文化放送メディアプラスビル3階
設 立：1985（昭和60）年8月1日
代 表 者：田上 正勝
資 本 金：4億3,610万円（東証JASDAQ上場）
従 業 員 数：44名（2021年7月31日現在）
事 業 内 容：EDIやデータベースで企業間取引をサポート
U R L：https://www.planet-van.co.jp/

▲yts株式会社

リピーター90％以上、ビル設備保全のプロフェッショナル
——ポンプ、送風機、空調機などの修理交換、メンテナンスをサポート

ここに注目！ オフィスビル、商業施設、空港など年1000件以上の現場で作業
社員研修制度を構築、ITによる「技術の見える化」で生産性向上

yts株式会社は、東京近郊を中心にオフィスビル、商業施設、空港、学校、病院、ホテル、地下鉄などのポンプ、送風機、空調機などの修理交換、メンテナンスを行っている。「現場作業は年間1000件以上に及び、そのうち9割以上がリピーター」（大井宏之代表取締役社長）というから、ビル設備保全のプロフェッショナルとして、いかに信頼されているかがわかる。設立は1951年。大井社長は2020年6月1日付で創業家の山岸栄作社長からバトンを受け継いで3代目社長となり、同時に社名を株式会社山岸テクノサービスから「yts株式会社」に変更した。山岸氏は顧問に退いた。脱オーナー型経営に向けて、経営改革が始まった。

作業員ではなく、サービスマンとしてお客様のニーズに応える

「お客様に感謝される企業を目指し、サービスを軸に社会に貢献する」「社員は仕事を通じ人間を磨き、会社の発展とその家族の幸せに寄与する」—。大井社長はさっそく企業理念を策定した。

「ytsは作業員としてではなく、サービスの本質を理解し、お客様のニーズに応えるサービスマンとしてメンテナンスを行っているのが最大の特徴。だから、技術的な根拠を示しながら提案できるし、価格に応じてやれる範囲をその場でお話できる」（大井社長）と、同業他社との違いをアピールしている。

具体的な施策として、社員研修制度の構築に着手した。「これまで技術・知識の研修は行っていたものの、技術力の尺度は明確ではなく、在籍年数でみていた」（同）との反省から、「技術を項目別にするとともに、何ができるか、経験はあるか、理解して作業しているかの3段階に分けてフォロー・研修して、若手の底上げを図る」（同）という方式に改め、順次切り替えていく。

ITによって、「技術の見える化」も進める考えだ。ポンプ、送風機、空調機などの様々な運転状況の蓄積を進め、現場でタブレットPCを見ながら判断できるようにする。「すでにエクセルベースではできている」（同）ので、現在はアプリ開発を検討中だ。これにより、「1人で作業に行ってもデータベースの共有によって正しい判断が可能となり、より一層、お客様が困らないようになる」（同）。将来的に目指しているのは「お客様が抱えている問題をスピード、技術、知識面から解決するソリューションサービス」（同）だ。

社内研修制度の構築と、現場でタブレットPCを見て判断できる「技術の見える化」によって、サービスを軸とする社会貢献は理想に近づく。

売り上げ拡大へマンパワーが最大の武器、人材採用を重要視

ytsの売上高は5億1000万円（2021年5月期）。コロナ禍で人の移動が制限される中、「前期比

社内研修の風景

現場で活躍するサービスマン

新年の初詣　安全祈願　　　　　忘年会の様子　　　　　毎年恒例の社員旅行

横ばいで済んだ。飲食・観光業は3割減になったが、新規のお客様からの作業依頼が増えたので何とかなった」（大井社長）と言う。ただ、社内イベントの開催は難しかった。「2021年が設立70周年なので、社員旅行でハワイにと考えていたが、できなかった。社員旅行はほぼ毎年行っており、これまで台湾や韓国にも行っているのに残念。他に忘年会や新年会もできなかった」（同）と、社員の活発な交流は延期されている。

今後の経営の方向性については、「機械メンテナンスは予算の関係からか、毎年9月から翌年3月までが繁忙期で、4〜8月は落ち着く時期となる。このため、機械以外のメンテナンスを増やしていくとか、繁忙期が異なる業種にアプローチするとか、考えていく。また海外でも、日本企業が元請けの台湾やグアムのビルに出張して機械修理を行っている」（同）と、売り上げの平準化と海外の拡大を視野に入れる。

しかし、最も力を注ぐのは、やはり従来顧客と、その延長線上にある国内顧客だ。「日本は人口減社会に移行し、人手不足が課題としてある。もちろん、AI（人工知能）による点検などは活用していくが、ytsは15人のサービスマンを抱えているのが強みとなっている」（同）とマンパワーを生かしていく戦略だ。具体的には「労働集約型産業なので、積極的なサービス活動が顧客満足度に直結する。毎年2〜3人に入社していただいて、人材育成をしながら10％増くらいの売り上げアップを続けていきたい」（同）と、人材採用を重要視している。現在、社員の平均年齢は「32〜33歳」（同）なので、若手人材を継続して獲得できれば、活力ある企業を維持できる。

|わ|が|社|を|語|る|

代表取締役社長
大井 宏之氏

和気あいあいの社風、文系・理工系は半々、女性も活躍

ytsは業務的には社会インフラを支える事業です。コロナ禍でも売り上げを落としていないのは、必要とされている仕事だからだと思います。修理交換、メンテナンスでお客様の喜ぶ顔が見られるのは、やりがいを感じます。

社員旅行や懇親会は比較的多く、和気あいあいとした社風です。4チームのサービス部隊が個別でも行っています。新型コロナ感染が落ち着いたら、再び社員のコミュニケーションを活発化したいと考えています。

文系・理工系の比率は同じくらいです。入社してからの研修や、先輩社員のフォローでマスターできますので、安心して入社していただいています。現在、サービスマンは男性だけなのですが、保守・点検などで女性でも活躍できる環境を整えているところです。

資格制度は取得時の補助に加え、国家資格であれば資格手当もあります。ぜひ、我々の仲間に加わってください。お待ちしています。

会社DATA	
所 在 地	東京都荒川区南千住2-15-7
設　　立	1951（昭和26）年6月
代 表 者	大井 宏之
資 本 金	1,000万円
従業員数	18名（2021年4月1日現在）
事業内容	産業機械の修理・メンテナンス、衛生設備・空調設備の改修工事、技術コンサルティング
U R L	https://www.yamagishi-ts.co.jp/

▲ 石坂産業株式会社

驚異のリサイクル率98％、資源循環事業の先駆者
——産業廃棄物処理から「循環をデザインする会社」として活躍

ここに注目！ 先進のデジタル技術を導入した業界有数の再資源化技術を保有
里山再生事業をはじめ持続可能な社会の実現に向けた多様な価値創出を推進

どんなゴミでも資源に変える。廃棄物を焼却するのではなく、徹底的に分別分級することで100％再資源化してみせる。そんな途方もない目標を掲げ、ゴミがゴミでなくなる社会の実現を本気で目指している企業がある。かつてダイオキシン騒動で大きな風評被害に見舞われ、会社存続の危機に立たされた石坂産業株式会社だ。処理が難しく、不法投棄が多いとされる建設系廃棄物に特化し、減量化・再資源化の技術を磨き続けてきた。今や業界平均60％と言われる減量化・リサイクル化率で98％を達成し、資源循環事業のトップランナーとして国内外の注目を集めている。

反対運動の矢面に

「この土地から出て行け！」。1999年の所沢ダイオキシン騒動。葉物野菜からダイオキシンが検出されたとの報道に、地元住民の反対運動が沸き起こった。矢面に立たされたのが、石坂産業だ。この会社の社長を父に持つ娘は、

「ゴミをゴミのままにしていいはずがない。資源に再生したい」という父の崇高な志を聞いていた。しかし、社会的に評価されていない産廃業者の現実に、深く傷つき、激しく憤り、そして動いた。父から会社を受け継ぎ、廃棄物を処理するのではなく、再資源化する道を突き進む覚悟を決めたのだ。

「技術はつなげなくても、父の思いをつなげていく自信はあった」。石坂産業を継いだ石坂典子社長は、当時の心境をこう振り返る。まずは地域に愛される会社になるため、粉塵が周囲に飛散しないよう全天候型のプラントに工場を改築。さらに不法投棄のヤマとなっていた近隣の森を社員の力で清掃し続け、里山を再生するとともに、資源循環のための工場改革を断行した。焼却設備を廃炉し分別分級に特化、機械設備も社内で仕様設計するなど、悪戦苦闘しながらも、技術ノウハウを蓄積し、リサイクルに特化した工場へ変革していった。

社長就任から20年。同社プラントは、業界トップクラスのリサイクル率を誇る再資源化工場に生まれ変わり、かつての不法投棄の森は、生物多様性に富む里山として再生され、いまや年間5万人が訪れる体験型環境教育の場として、地元の誇りにもなっている。石坂社長は、「崇高な理念を抱いても発信しないと伝わらない。言葉ではなく行動そのものがブランディングだ」と強調。まさに愚直な再資源化の取り組みと里山再生という地域への貢献活動が、同社のプレゼンスと共感を高めた。

多様な資源循環型ビジネスを展開

石坂産業の挑戦は、これで終わらない。循環型社会を形成する新たな価値を創出する企業として、さらなる発展を目指す。例えば再資源化のプラントの自動化技術。すでにNECとインテルとの3社協業で、ローカル5GなどのICT技術を用いてスマートプラント化を推進する取り組みを開始。東急

毎日大型トラック300台分の廃棄物が運ばれてくる

再生された里山には1300種を超える動植物が生息している

里山の四季を通じて五感で学ぶ体験プログラムを開催

2021年4月よりAI搭載ピッキングロボットが本格稼働

学生が地球の未来への思いを発信する環境コンクールを開催

建設と共同開発した廃棄物選別ロボットを導入済みだ。さらに「循環をデザインする会社」として、メーカーへの働きかけやリサイクルができない廃棄物の受け入れコンサルティングを行う一方、里山再生やオーガニック事業、エネルギー、温浴事業など、廃棄物処理事業の枠組みを大きく超えた幅広い資源循環型ビジネスを展開していく。「将来は今と異なる事業体に変化しているかもしれない」（石坂社長）という。

それでも循環型社会の実現に向

けて活躍していく同社のベクトルは変わらない。「2050年までにやらなければいけないことは見えている。これ以上地下資源を消費することはできない。地上資源をどれだけ循環できるかが世界的に問われる」（石坂社長）。現在、同社が提唱しているのが、「ゴミをゴミにしない社会」をつくる「Zero Waste Design」。地球に優しい循環型製品を認定する「CHOICE! ZERO WASTE AWARD」の開催や、持続可能な社会づくりのためのアイデアを、

小学生から大学生までの若い世代を対象としたプレゼンテーションコンテスト「Green Blue Education Forum」などを実施し、モノづくりの段階から消費行動まで、社会全体が循環型社会になる必要性を提唱している。

大量生産・大量消費社会から、循環型社会の実現へ。地球環境の激変に伴って、かつてゴミのクローザーにすぎなかった石坂産業は、みずからの変革と行動によって、その存在価値を一段と際立たせていくことになるだろう。

｜わ｜が｜社｜を｜語｜る｜

代表取締役
石坂 典子氏

「循環」のプロとして、次の暮らしをデザイン

1970年には約270億トン、2017年には約930億トンの資源が製品に変わっています。しかし、再利用されているものは全体の10％にも至りません。廃棄されるゴミの量は年々増え続け、2050年には、世界で使用される資源は今の2倍に、地球にあふれるゴミの量も2倍になると言われています。この負のスパイラルを改善するための経済の仕組みが、廃棄されているゴミを、資源として再生し循環させる循環型経済です。必要なことはゴミを再資

源化することはもちろん、モノづくりの段階から「ゴミにしない」ことを視野に入れた「Zero Waste Design」の考え方です。半世紀を超え、当社はゴミをゴミで終わらせない社会を目指して、技術を貫いてきました。世界からゴミがなくなり、地表資源が循環する社会を目指して、私たち石坂産業は、自然と美しく生き、「循環」のプロとして、次の暮らしをデザインしていきます。

会社DATA

所　在　地：埼玉県入間郡三芳町上富1589-2
創　　　立：昭和42年7月
代　表　者：石坂 典子
資　本　金：5,000万円
売　上　高：61億6,200万円（2020年8月期）
従業員数：約180名（2021年1月）
事業内容：産業廃棄物中間処理業、収集運搬業・積替保管許可、再生品販売業（再生砂・砕石・木材チップその他）
Ｕ　Ｒ　Ｌ：https://ishizaka-group.co.jp

▲ 株式会社エコ・プラン

地球の温度を変える！

──「脱炭素社会」の中で温暖化対策を促進する企業。右肩上がりで成長・発展

ここに注目！

「若いリーダーを育てる」
「お客様第一主義」で時代に合ったコンサルティング

株式会社エコ・プランは、大規模空調工事やメンテナンスを得意とするインフラ・環境ビジネス企業。世の中の「環境」への関心の高まりを追い風に、創業から今日までの約20年間、右肩上がりの成長・発展を続けている。成長・発展の原動力となっているのが平均年齢30歳という若さ溢れる社員たちだ。社員一人ひとりがのびのび働ける企業風土を醸成し、社員の成長と会社の成長がシンクロ（同期）する組織体を形成した。例えば、社員教育についてはエンジニアで技術を極めたい社員には国家資格の取得を推奨しており、文系出身者でも資格取得できるノウハウがある。電気工事士や管工事の1種、1級を取得している社員が多数おり、エンジニアの主要資格取得率93%超。

SUSTAINABLE DEVELOPMENT GOALS

日本のSDGs経営を推進している

新宿駅から徒歩10分の本社エントランス

掲げる看板は「省エネコンサルティング」「脱炭素コンサルティング」

20年ほど前、同社がエアコンのオーバーホール（分解洗浄）を始めた当時は、メーカーが高額な付随サービスとして取り組んでいるのがほとんどだった。それを安価でクオリティーの高い作業、全メーカー対応で実施すれば多くの顧客が得られるのでは、と予測し同事業を立ち上げた。予測は見事、的中。顧客数はハイペースで伸び続け、それに伴い対象エリアは首都圏から中部圏、関西圏と拡大。現在は、北は北海道から南は沖縄県までをカバーする体制を築いている。

「始めた頃はニッチなビジネスだった。しかし、これを一つの文化にできないものかといった思いで実績を積み上げてきて、日本一宣言ができるまでになった」（菅原常務）。全国展開により公共事業、学校、病院、大手テーマパーク、ホームセンター、スーパーマーケット、外食全国チェーンなど様々な企業・団体の仕事も増えている。

省エネ、脱炭素をはじめとする環境重視に向けた時代の潮流が、同社の事業拡大に拍車をかけている。現在、国の施策として様々な省エネ活動・脱炭素活動に補助金が付与されている。それらの有効活用を促すコンサル事業は、時代のニーズに合致し、さらなる伸びが見込まれる。

昨今のコロナ禍は多くの企業に

社員間の仲が良く、風通しの良い職場環境

「顧客第一」でコンサルティング

環境省から8年連続で表彰されている

甚大なダメージを与えている。コロナ禍について、菅原常務は「幸い、大きな影響はなく、過去最高益を出せている。そもそも当社の仕事は、景気がいい時はエアコン等の入替工事が盛んになり、悪い時はメンテナンスや修理が増えるといった具合で、景気に左右されない」と説明する。

仕事と部活の好バランスが社員を活性化

菅原常務は「若手が活躍できる舞台が整っているのが当社の強み」と見ている。同社では創業以来、「若いリーダーを育てる」をモットーに、若手社員が伸び伸び働き成長できる環境作りを心がけてきた。三ッ廣修社長は人材育成をテーマにたびたび講演するなど、人づくりの専門家といった顔も持つ。三ッ廣イズムが浸透し、若いリーダーがたくさん育っている状況のようだ。

若手が活躍している一因として「部活」を挙げられよう。野球、サッカー、バスケットボールをはじめとするスポーツ系はもちろん、将棋、軽音楽など文化系の活動も活発で、仕事と部活の好バランスが、生き生き社員を多数、輩出している。

例えば野球部は甲子園や神宮で活躍した選手が何人も在籍し、天皇賜杯全国大会に出場するレベル。将棋部には、東京アマ名人戦で優勝しアマ名人全国大会に出場する強者がいる。

| わ | が | 社 | を | 語 | る |

代表取締役社長
三ッ廣 修氏

凡事徹底で、社会の課題解決に一役買う

環境問題が大きく取り上げられ、社会全体の課題として浮上した時期に当社を設立しました。社名のエコ・プランには課題解決のプランをどしどし提案し実現しようとの思いを込めました。創業時からの行動理念は『凡事徹底』。基本を大切にして当たり前のことを当たり前にやろうといった意味合いです。

東日本大震災で被災した人たちのため、東北各地に仮設住宅が建てられた際には、短期間で5千台ものエアコンを据え付けました。こんな仕事を引き受けられるのはエコ・プランしかないと依頼を受け、みんなで頑張り、暑くなる前にすべての作業を完了できました。今でも誇りに思える仕事です。

社会貢献度が非常に高く、将来性のある事業をしているエコ・プランをともに創っていける方、そういったことにやりがいを感じ取れる方は大歓迎です。

会社DATA	
所 在 地	東京都新宿区西新宿7-20-1　住友不動産西新宿ビル22F
設 立	2002年10月
代 表 者	三ッ廣 修
資 本 金	5,000万円
従業員数	348名（2020年4月現在）
事業内容	脱炭素コンサルティング、空調・照明、EMS（エネルギーマネジメントシステム）、太陽光自家発電、蓄電池工事、省エネ・補助金コンサルティング等
U R L	https://www.ecology-plan.co.jp/

▲セントラル警備保障株式会社（CSP）

安全と信頼を提供する技術サービス企業
──画像監視や警備ロボットなどで明日のセキュリティプラットフォーマーを目指す

ここに注目！

最新の技術ツールを組み合わせ多様な安全・安心サービスを展開
JR東日本が筆頭株主である安定性と自由な発想が飛び交う革新性

ロボットやドローンに始まり、画像解析システムにウェアラブル端末。数々の先進ツールを用いて安全と信頼を提供する技術サービス企業がある。国内警備業界で3番手に位置するセントラル警備保障株式会社だ。人の常駐や巡回による従来型の警備サービスの枠に留まらず、先端技術を駆使して安全、信頼につなげる多様なサービスを次々に開発、警備業界に新たな風を巻き起こしている。

単なる警備会社から技術サービス企業へ革新

1966年に銀座のど真ん中に社をかまえて警備事業をスタートし、ビートルズの来日公演の警備を担当するなど、BtoBを中心に警備サービスを展開してきたセントラル警備保障（CSP）。2021年2月期の連結売上高は674億円、従業員数は連結で約6,500人、澤本尚志社長は「上位2強の会社さんとは規模では到底かなわない。当社独自のサービスが必要だ」と強調する。このため数年前から加速しているのが、先端技術を活用した機械警備。警備サービスは人による警備が基本と思われがちだが、同社は人による警備と先端技術を融合させ、高度化した機械警備で差別化を図る戦略だ。

きっかけは大型国際スポーツイベントに向けたセキュリティ。同社筆頭株主のJR東日本は、駅やターミナルにおける格段の警備強化を求めていた。「人の警備を厚くするだけでは到底賄えない」。こう判断したCSPは、いち早く機械警備を大幅に導入することを提案、JR東日本の駅・変電所などに設けられている2万台の防犯カメラのうち5,000台をCSP画像センターにネットワーク接続させ、画像解析システムを駆使し24時間集中監視することで警備強化をおこなった。

新型コロナウイルスの感染拡大により、大型国際スポーツイベントの警備規模は大幅に縮小されることとなったが、澤本社長は「ここで学んだノウハウやシステムが新たなセキュリティプラットフォームになる。他の鉄道関連施設や大規模商業施設、オフィスビルなどに転用していくことができる」と説明、機械警備を一段と強化していく姿勢を鮮明にする。なかでも期待されているのが、2025年の街開きを予定する品川地区の大規模な開発プロジェクト。画像解析やAIを搭載した警備ロボットなどを活用し、複数の建物を一体化したエリアマネジメントを導入してサービスを展開する予定だ。CSPはプロジェクトの設計段階から参画し、セキュリティのシステム設計、設置・施

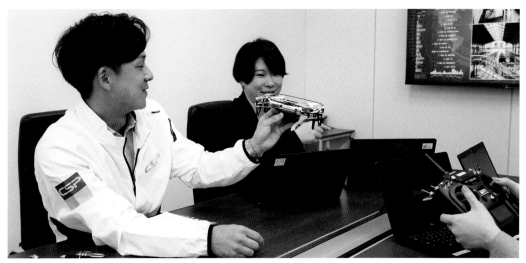

社歴に関係なく自由に意見を出し合える環境を大切にしています

AI搭載の警備ロボット

CSP画像センター

産業用小型ドローン（点検イメージ）

工、運用、メンテナンスまでを一気通貫で対応するセキュリティコンサルを提供。これをセキュリティプラットフォームのモデルケースとして、他の開発事業へ展開していく方針だ。

さらに澤本社長は、「全国には大小合わせて約9,000の警備会社がある。どこも人手の確保に苦労しており、一部を機械警備に頼らざるを得ない。警備は既存の警備会社のままで機械化へ必要な機器とノウハウを当社が提供していく」としており、システム構築と物販リースの事業領域も見据えている。まさにCSPは、先端技術を縦横無尽に駆使して安全環境を提供する技術サービス企業に生ま

れ変わりつつあるといえるだろう。

警備以外の新サービスを続々開発

最近は、サービス自体も多様化させている。例えば小型ドローンを使った設備点検。2021年6月に屋内専用ドローンの国内ベンチャーと協業し、狭所や高所、暗所などの設備点検監視サービスをスタートさせたほか、AIを搭載し複数フロアも巡回できる自律移動型警備ロボットを開発しており、商用化も予定している。さらには中小企業向けのサイバーセキュリティも展開し、「ウェアラブルカメラを装着した警備員が駆

け付ければ、専門知識を持ったスタッフが遠隔サポートすることができるなど、様々なラストワンマイルのサービスが生まれる」（澤本社長）という。

課題となるのが、画像解析の精度を上げたり、新たなアプリケーションなどを開発できる自前の技術力。「モノづくりだけでなく、今やサービス企業にも一定の技術力がいる」（同）として、同社はいまテクニカルな人材の確保に力を入れている。人と技術の融合で、安全と信頼を提供し、社会に役立つ存在を目指すCSP。新サービスに挑み続ける同社の将来は、デジタル時代にふさわしい若き技術者が担うことになるだろう。

|わ|が|社|を|語|る|

代表取締役執行役員社長
澤本 尚志氏

新たな発想でセキュリティインフラを構築

創業以来、当社は時代とともに変化するリスクやお客さまのニーズに柔軟に対応し、安全・安心な社会づくりを目指してきました。一方で、社会全体の危機管理意識と、警備業界への需要が高まる中、従来の警備という枠にとらわれず、新たな発想でセキュリティを提供していくことが欠かせません。なかでも最近のデジタル技術の発展はすさまじく、当社は自由な発想ができ

る土壌のもと、これらの先進ツールを活用した様々なセキュリティサービスを開発、提供しています。これからもセキュリティインフラを構築する技術サービス企業として、安全と信頼を提供し社会に貢献してまいります。

会社DATA

所　在　地：東京都新宿区西新宿2-4-1　新宿NSビル
創　　　業：1966（昭和41）年3月10日
代　表　者：澤本 尚志
資　本　金：29億2,400万円（東証1部上場）
売　上　高：連結：674億4,322万円　単体：546億5,641万円（2021年2月期）
従業員数：連結：6,514名　単体：3,886名（2021年2月末）
事業内容：常駐警備、機械警備、輸送警備、機器販売及び工事
U　R　L：https://www.we-are-csp.co.jp

▲株式会社キーペックス

変化に柔軟に対応し、新規事業で成長を続ける「保管のエキスパート」企業
——書類保管ビジネス、5温度帯倉庫など多様な顧客ニーズに応える

ここに注目！
「儲かるわけがない」と反対された新ビジネスが次々に成功
ライバルの追随を許さない迅速な経営判断

「倉庫」は古くから存在した、人間の生活に欠かせないインフラだ。現存する最古の倉庫としては奈良の正倉院が有名だが、約5000年前に縄文人が暮らしていた青森の三内丸山遺跡にも高床式倉庫とみられる痕跡が残っている。つまり倉庫業は人類最古の事業ともいえる。それだけに伝統的な倉庫業で、いかに変化できるかが成長のカギとなる。株式会社キーペックスは、そうした取り組みのトップランナーだ。

創業は1984年5月。東京に本社を置く隅田倉庫の千葉営業所から「隅田倉庫運輸」とし独立した。そのきっかけは、齊藤宏会長が書類保管ビジネスへの参入を考えたこと。当時、隅田倉庫の社長は「企業が大事な書類を外部に預けるとは考えにくい」と提案を却下。齊藤会長が独立し、自らの手で事業を立ち上げることになった。当時は書類保管を引き受ける倉庫がなかったため、地道な営業活動の末、予想を上回る取引を獲得する。

2代続けて「自己責任」で新規事業に挑戦

1992年1月には、社名を現在の「キーペックス」に改めた。その由来は「Keep（保管）」と「Express（速達）」を組み合わせた造語だ。その名の通り同社の強みは、保管をベースにした新規事業を即断即決で展開していること。2016年に前社長の齊藤宏氏が菓子メーカーから「冷凍・冷蔵・常温の倉庫がバラバラでトラックが三つの倉庫を回らなくてはいけないため、配送業務に時間がかかる」との悩みを聞いた。「ならば冷凍・冷蔵・常温の倉庫を一カ所にまとめて建てればいいじゃないか」と思いつき、当時の専務だった齊藤進氏に話をする。

専務だった進氏は「リスクが高いから止めた方がいい」と反対した。保管温度帯が違う倉庫を建設するとなると、20億円もの資金が必要となり、同社としては過去最高額の新規投資だ。社員も反対した。温度管理が必要な冷凍・冷蔵倉庫は24時間365日の管理が必要になる。それまでになかった深夜休日出勤が求められるからだ。おりしも同社の業績は順調。「儲かっているのに、リスクを冒してまで面倒な新規事業に乗り出す必要はない」というのが社内外の意見だった。反対していた進氏に「お前が決めろ、もちろんやめてもよいぞ」との言葉で気がつい

130万箱の収容能力を持った地震に強い電動ラックを採用

病院カルテ、個人情報の含まれた書類等、安心して保管できる

ナンバーを自動認識し、事前登録の車両のみ入構できるセキュリティで保管品を厳重管理

2019年に新設した5温度帯倉庫（冷凍・冷蔵・冷温・定温・常温）。免振構造で強固な保管環境

お客様第一主義をモットーに、全社一丸となり業務に取り組んでいる

た。

「業績が悪くなってからでは手遅れ。好業績のうちに新規参入のリスクを取るべきだ」と腹を決めて新規事業に参入したのである。2017年4月には進氏が社長に就任。2019年2月に開設した冷凍・冷蔵・常温など五つの温度帯に対応する千葉センター第二倉庫は受注も好調で、すでに軌道に乗っている。

分社化で新規事業の成長を加速

主力の書類保管業もペーパーレス化で厳しくなるのは確実。キーペックスは同事業が重荷になってきた同業他社から書類を引き受けるアウトソーシングに乗り出し、業界内でのシェアを上げる生き残り策を展開している。併せて五温度帯倉庫のような新たなニーズを開拓していく必要がある。齊藤社長は「これからも保管をベースにした新規事業に挑戦していく。そのために重要なのはスピード。世の中の変化をいち早くキャッチして、とりあえずやってみる。間違っていると分かったら、直ちに修正すればよい」と話す。

今後は危険物や個人向けの保管業務での新規事業を検討する。個人向けでは2007年に参入したコインランドリー併設型トランクルーム事業を分社化して、2019年6月に「コンボックス」を設立した。新会社の社長には同事業を担当している管理職が就任した。社長になることで社員にやりがいを持たせ、事業の成長につなげるのが狙い。将来は新規事業だけでなく、既存事業も分社化し、持株会社がグループ全体の方向性と経営資源の適正配分を決める体制へ移行する。歴史が古い倉庫業界で変化と成長を加速するため、キーペックスは新たな進化の段階に入った。

「できない」といわず、どうすればできるかを考える

保管・配送・書類保管関連サービスを手がけて40年近い歴史がありますが、100年間社会に認められる会社を目指しています。そのためにお客様第一主義を貫く。お客様の要望に応えるためには「できない」といわず、どうすればできるかを考えなくてはいけません。チャレンジ精神を持って世の中の変化に対応する「対応業」を目指したい。仕事には「考え方・熱意・能力」が必要ですが、わが社は考え方を重視しています。考え方が異なるとベクトルを合わせられなくなるからです。先ずはやってみようと全員が一丸となって取り組む組織づくりを進めています。ヒト・モノ・カネが潤沢ではない中小企業だからこそ、スピード感を持っていろいろな挑戦ができるのも魅力です。

会社DATA

所　在　地	千葉市中央区中央港2-4-4
設　　　立	1984（昭和59）年5月31日
代　表　者	齊藤　進
資　本　金	9千9百6十万円
売　上　高	15億5千2百万円（2020年5月期）
従業員数	72名（2020年11月現在）
事業内容	保管業務、配送業務、書類保管関連サービス（書類溶解処理サービス、文書保存箱の販売、書類電子化サービス）
U　R　L	https://www.keepex.co.jp/

株式会社キヨシゲ

入口から出口まで鐵を一途に担うプロフェッショナル
——鋼材の販売・加工・スクラップ回収をワンストップ対応

ここに注目！ 最新設備とモノづくり3要素の融合による顧客対応
社員の自主性による技術向上と社内改革

　日本の産業を支える"鐵"。鋼板や鋼材は、土木や建築などの建設業から、自動車や建設機械・産業機械、電気機器などの製造業まで、幅広い業種で必要な素材だ。そんな鐵への一途な姿勢で事業を営むキヨシゲは、千葉県浦安市の東京ディズニーランドのすぐ近くに本社を構える1960年創業の老舗企業。鋼板・鋼材には、切断・穴あけ・プレス成型・溶接など、様々な加工法があり、一般的には各工程を別々の加工会社が受け持つ。だが、同社では、鋼板・鋼材の販売、設計・加工からスクラップ回収までワンストップで対応が可能で、顧客のモノづくりをバックアップする様々な企画提案まで行える強みがある。また、ベトナムではCADセンターを設立して加工品の設計を行い、グローバルに展開している。

三部門の協調で企画提案型の企業を目指す

　「当社は、『販売』『加工』『リサイクル』という三部門に支えられている」と小林光徳社長は語る。

　販売部門は、熱延鋼板・酸洗鋼板から冷延・表面処理鋼板等の各種鋼板、条鋼類、ドア目板等の各種建材までをカバーし、幅広いニーズに即納体制で対応できる。その上、「素材特性・加工方法・スクラップの豊富な知識や情報、ノウハウを駆使したコンサルティングも可能」（小林社長）。材料の選択において豊富な経験や知識をもとに加工方法のほか、コストパフォーマンス向上につながる多岐にわたる提案も、販売部門で営業職が行っている。

　一方、加工部門は、鋼板・条鋼の幅広い加工ニーズに応え、小ロット多品種から量産まで最新の設備にて高度な技術を駆使した加工を行う。レーザー切断・折り曲げ・プレス成型・切削・溶接など、あらゆる加工が可能な同社には、省人化・無人化を目指して機械メーカーとアイデアを出しながら製造した機械が何台もある。そういった最新設備と板金国家資格者を多数有する高度な技術で、顧客のオーダーにスピーディな対応が可能だ。

　さらに、リサイクル部門が鐵スクラップの回収を担う。プレス工場など製造現場で発生するスクラップを買取り、資源として鉄鋼メーカーへ売却。新たな鋼板や鋼材を生み出す"鐵のリサイクル"を形成する。そんな総合的リサイクルを視野に入れ、スクラップの循環ルートを掘り下げた産業廃棄物に関するノウハウも確立している。

　この三部門が融合することで、鐵の販売・加工・リサイクルの全

加工センター工場

パートナーとして多岐にわたるご提案を行います

毎年実施している社員旅行

新ロゴマーク

体を通じてトータルで顧客に最適となる提案ができる。「当社は、鐵の入り口から出口まで、鐵一筋。ワンストップの対応だからこそ培われた経験とノウハウがあります。それゆえ、素材の選定から始まって加工方法の検討、スクラップの処分方法まで、高品質の追求とコスト圧縮につながるベストな方法を企画提案できるのです」(小林社長)。

自主的に社員が生み出す資格者と社内改革

こうした提案を可能にするのが社員の技術力の高さと自主性だ。同社では社員による自主的な勉強会が活発に催され、会社も積極的にバックアップ。板金技能工やプレス作業主任者が続々と生まれて

いる。実際、千葉県内第一号の板金一級国家資格者は同社から輩出されており、現在では延べにして特級3名、一級18名、二級31名合計52名と県内最多の有資格者を擁する。

また、社内には、ISO品質、ISO環境、安全衛生、社内美化、ホームページ、DX推進など、社員の自主的な活動から生まれた委員会があり、社員たちが自らのアイデアで社内の環境改善を主導。どうしたらもっと働きやすくできるのか、社員から出される様々な要望や発想を積極的に取り入れて社内改革を推進している。例えば、社員の肉体疲労の軽減や腰痛予防のため、業界に先駆けて、素材搬入から加工、製品の搬出・仕分けまでを自動無人化したラインを導入

したのは、風通しの良い同社ならではと言える。また、社員旅行や納涼会、ギネス世界記録挑戦など、たくさんのイベントもその一つだ。他にも、全社員の有給休暇日数80%以上の取得を目指した活動や、年に1度9日間連続での計画連休推進、男性の育児休暇取得支援など、社員目線による数々の改革が進んでおり、働く環境が非常に充実している。

鐵を扱う鋼材会社と言うと、かつては男臭い、頑固な職人のイメージがあった。だが、働く環境を社員たちが自ら改革する同社では、年齢や性別、国籍などに捉われず、誰もが活躍できるダイバーシティを実現。社内では多様な社員が今日も明るく笑顔で働いている。

| わ | が | 社 | を | 語 | る |

代表取締役社長
小林 光徳氏

しっかりと根を張って未来へ向けて歩み続けるために

キヨシゲは昨年、創業60年を迎え、ロゴも新たにリニューアルいたしました。華やかさとは無縁でありながら、強い生命力を持ち、しっかりと根を張る雑草の"カタバミ"をモチーフにし、「地道にお客さまのそばに寄り添い、ともに歩み続ける」という思いを込めました。葉脈が回転しながら一面に広がっていく三葉のシンボルは枠にとらわれずどこまでも成長してゆく

発展性をイメージしたもので、当社の三本柱「販売」「加工」「リサイクル」事業の力強い融合を象徴しています。シンボルの一部から伸びて成長する「Kiyoshige」の文字が表すように、これからもお客さまとともに未来に向かってキヨシゲは歩み続けてまいります。

会社DATA	
所 在 地	千葉県浦安市鉄鋼通り2-4-3
創 業	1960(昭和35)年3月27日
代 表 者	小林 光徳
資 本 金	5,000万円
従業員数	110名
事業内容	鋼板・鋼材の販売・加工からスクラップまで、ワンストップ対応で企画・提案
U R L	http://www.kiyoshige.com/

▲株式会社ニッコー

鋼管に関するあらゆるニーズに対応できるプロフェッショナル集団
——創業以来約70年、モノづくりを支える鉄鋼素材を提供してきた誇りと実績

全国にネットワークをもち、国内トップレベルの豊富な在庫量で顧客に対応
鋼管調達から加工まで一気通貫で提供できるサービス・ニッコークラスター

株式会社ニッコーは、全国でもトップクラスの販売実績を誇る鋼管専門問屋である。1949年、大阪市福島区に互鋼商会として創業し、2004年に伊藤忠丸紅鉄鋼が100％出資した国内中核事業会社となった。創業以来、鋼管一筋の長い歴史をもっている。

鋼管は鉄鋼製品の分類の一つで、鋼を圧延して作られる管形をした製品。その用途は広く、機械、自動車部品から建築資材まで、あらゆるモノものづくりのベースとなっている。

鋼管専門問屋・ニッコーの強みは豊富な在庫量で、顧客のニーズにいち早く応えられる点にあると執行役員沖名健治氏はいう。「炭素鋼鋼管とステンレス鋼管の合計約3万トンという圧倒的な鋼管在庫をもち、お客様が必要とする鋼管をいつでも提供することが可能です。そのために、北海道から九州まで全国11拠点のネットワークをもっています」。ネットワークを駆使した即納体制は、他に類を見ない。

調達から加工まで一気通貫のニッコークラスター

単に素材を提供するだけでなく、加工まで行うニッコークラスターというサービスを展開しているのが大きな特徴となっている。顧客から鋼管規格や加工内容を受け取るだけで、鋼管調達から加工会社への見積・発注・納期調整などを、すべてニッコーが代行する。

「営業に行くと『買いたいけれど加工先がわからない』という相談を受けることが多かった。ニッコーでは取引先を含めて約150社以上もの加工先情報を蓄積し、切断、曲げ、穴あけ、溶接、表面処理などあらゆる加工対応が可能です」（沖名氏）。

鋼管の加工には納期・コスト調整や、納期遅れに伴う後工程の調整など、発注者の負担は大きい。ニッコークラスターではこれらの課題を、鋼管の調達から加工まで、一気通貫で解消できる。

鋼管分野の総合的なプロフェッショナル集団

建設・土木分野、建機・農機、プラント配管まで、鋼管は広い分野で利用されており、それぞれに特化した鋼管問屋が存在している。ニッコーは豊富な経験や実績から、すべての分野を網羅し、鋼管を熟知するプロフェッショナル集団としての評価が高い。

訪問者が真っ先に目に付くエントランス。日々手入れを怠ることなく清潔感を保っている

大阪四ツ橋事務所では、コミュニケーションの取り易い環境を重視し4部署をワンフロアに集約

営業と物流現場との連携は必要不可欠。細やかなコミュニケーションがスムーズな顧客対応にも繋がる

常時在庫3万トンを有する倉庫。全国各地に在庫を分散することで即納体制を構築

各拠点に切断機等の加工設備を備え、顧客の要望に応じた加工も行っている

ニッコーはどの分野ではどんな鋼管が求められるのか、どういった加工が想定されるのか、歩留まりのよい長さ・加工性など、鋼管を知り尽くしている。顧客にとって最適な材料選定が可能である。「お客様との対話の中でニーズを探っていき、問題点や困っている点を解決していきます。ニッコー側のビジネスチャンスを探る意味がどこにあるかなど、きめ細かな対応ができます」(沖名氏)。

社員教育の充実と自由な社風

鋼管のプロフェッショナル集団だけに、営業スキルの到達点は高い。入社一年目では先輩社員についてOJTで学び、鋼管倉庫作業も体験する。入社3年目の人事総務部今村恒陽氏は新入社員研修について、「段階を踏んで仕事を覚えられるので、無理なくスキルアップできます。研修では鋼管だけでなく、顧客先の業界など、幅広く最新の情報を学ぶことができます」と教えてくれた。研修自体も絶えずブラッシュアップさせていて、講師の担当者同士で内容を議論し合い、よりよい内容へと進化し続ける。

2020年にはキャリアビジョン制度を導入し、年に一回、上長と直接面談しながら自身の将来像などについて率直に話し合う。こうしたフランクに話し合える社風はニッコーならではのものだと人事総務部横山正幸氏も分析している。「従業員数が約300名と、社員の顔と名前を覚えることができる、ちょうどよい規模感です。やりたいことを相談すれば、率直に意見をくれて、自由にやらせてくれる」と、社員の自主性を重んじ、風通しの良い社風もニッコーの魅力のひとつとなっている。

人を育て、素材に付加価値をつけて売ってきたニッコー。ユーザー、加工先、メーカーの3者に対して、無くてはならない存在であり続けたいと、願っている。

| わ | が | 社 | を | 語 | る |

代表取締役
間宮 一博氏

「成長経営」を掲げ、『国内NO.1の鋼管専門商社』を目指します

当社は伊藤忠丸紅鉄鋼(伊藤忠商事・丸紅の折半出資)が100%出資する国内中核事業会社で、北海道から九州まで11拠点を持つ全国でもトップクラスの販売実績を誇る鋼管専門商社です。

私は"1. 全従業員及びその家族が幸せになり、明るく、楽しく、自信と誇りを持てる会社を目指す"、"2. 取引先の皆様から感謝される会社を目指す"、"3. 企業としての社会的責任を強く意識した会社を目指す"ことを経営方針とし、これらを実現するために顧客満足度の向上やDXの推進、働き方改革の積極的な取り組みにより社員のエンゲージメントの向上を図り、『国内NO.1の鋼管専門商社』を目指します!

会社 DATA	
所 在 地	千葉県浦安市美浜1丁目9番2号
設 立	1952(昭和27)年5月
代 表 者	間宮 一博
資 本 金	4億2千万円
売 上 高	319億円(2021年3月期)
従 業 員 数	300名(21年8月現在)
事 業 内 容	炭素鋼鋼管・ステンレス鋼管の販売、加工
U R L	https://www.pipe-nikko.co.jp/

株式会社日東

ALC・ECP取付金物など建築資材・副資材で全国制覇を果たす
──17拠点ネットワークが機能し、シェアトップに

ここに注目！ 倉庫と車を生かした密着営業・迅速配送を全国展開
工夫凝らした業務改革と新分野開拓でさらなる発展期す

日東はALC（軽量気泡コンクリート）ならびにECP（押出成形セメント板）と呼ばれる建材の取付金物をはじめとする各種建築資材・副資材を全国各地で工事業者向けに販売している。北海道から九州まで17拠点を設け、首都圏および東日本・中日本・西日本の4ブロックに分けて営業活動を推進中。「各拠点の倉庫と車を武器に、市場シェアはトップとなっている」（中尾尚起社長）と、全国制覇を果たしている。

同社は1955年、研磨材・砥石・工具を主力商品として創業した。その後、ALCとECPの取付金物をメーン商材に切り替えたのが奏功し、ALCとECPの普及とともに拠点を増やし事業を拡大させた。ALCならびにECPは、六本木ヒルズなどの大規模高層建物、各種商業施設、倉庫、ホテル、病院などで広く使われて今日に至る。

他社にはない全国展開が強み

ただ、1990年代になると、ALCメーカーが取付金物も取り扱うようになり、バブル崩壊に伴う市況の悪化もあって、事業環境は厳しさを増していく。そこで次なる主力商品として力を入れたのがアングル（下地鋼材）類だ。アングルは多くの建設現場に必要で、多種多様な品目があることから、迅速・的確な供給が求められる。

その点、全国拠点ネットワークを整備し、倉庫と車が強みの同社には、うってつけの商材となった。実際、同社の業績伸長に大いに寄与し、現在は売り上げの過半を占めるまでに育っている。また、リーマンショック時の2008年に取り扱いを始めた太陽光パネル架台も、全国各地で販売実績を積み上げた。

「同業他社で、当社のように全国展開している企業はない。それが大きな強みになっている」（中尾社長）。各地域の景気には常に

活気ある職場で多くの若手社員が活躍している

社内研修をはじめ、人材育成には特に力を入れている

倉庫と車を生かし迅速配送を実現している　　　　　　　現在、主力商品となっているアングル（下地鋼材）

でこぼこがあり、すべてが良い、悪いといったことはごく稀にしかない。そのため、良いところが悪いところをカバーする"ポートフォリオ経営"が他社との差別化につながっている。これまでの推移を振り返ると、東日本大震災後の東北は復興需要が旺盛で、オリパラ関連で首都圏が活性化し、九州は底堅い需要が続くといった具合だ。

新商材・新事業に意欲

同社が扱う商材の国内市場はざっと200億円規模。その半分近くを同社が抑え、トップシェアを誇っている。ただ、日本の総人口の減少等の影響で、市場は中長期的には飽和状態になる見込みだ。

そこで、現在、必死に取り組んでいるのが新商材や新規事業の発掘だ。中尾社長自らが先頭に立って有望な商材・事業を探し回っている。中尾社長は「これまで培ったノウハウやネットワークを生かせる新分野を開拓する」と"近接市場"に目を向けている。

また、伸びしろたっぷりの事業として、EC（電子商取引）に期待を寄せている。現在、安全靴、空調服、さび止めスプレーなど、建築現場に関わる各種アイテムをネット販売し、規模は全社売り上げの数％程度ながら、倍々ペースの高い伸び率で成長中。今後、品揃えを増やし、成長速度をさらに加速させる方針だ。

社内の取り組みでは、社内のコミュニケーション活性化の為に、ポイント制度を導入。このポイントは各種表彰の際に付与され、商品などと交換できる。さらに、社員同士で「ありがとう」を伝えたい時に、メッセージとともに、お互いに贈与し合う事ができる。また、社員の知恵とアイデアに基づく業務改革を推進中。四半期ごとにアイデアコンテストを実施し、優れたアイデアは即、採用している。アイデア提案者には上記のポイントを活用し、表彰を行っている。

｜わ｜が｜社｜を｜語｜る｜

代表取締役社長
中尾 尚起氏

クライアントのベネフィットのために仕事を

博報堂（大手広告代理店）に勤めていましたが、退社して義理の父親である先代社長の後を継ぎました。博報堂時代、先輩から「クライアントのためではなく、クライアントのベネフィットのために仕事をしろ」と教えられました。何が本当にクライアントのためになるのか、よく考えて掴み取り、はっきり言えるようになりなさいということです。どんなビジネスにも当てはまる言葉で、当社でも、その教えが浸透し実践されるように心がけています。

リクルートでは新卒もさることながら、第2新卒の方々に来ていただき活躍してほしいと思っています。採用は原則として地域ごとに実施しています。ふるさと志向の強い人にぴったりの職場となりますので、ぜひ、一度、気軽にアプローチしてみてください。

会社 DATA

所 在 地：東京都墨田区菊川2-12-5
設　　立：1955（昭和30）年5月
代 表 者：中尾 尚起
資 本 金：9,800万円
従 業 員 数：133名（2021年3月末現在）
事 業 内 容：取付金物、アングル、シーリング材をはじめとする建築資材・副資材等の販売
U R L：https://www.nt-nitto.com/

商社・サービス

建設・不動産

日本電計株式会社

電子計測機器でナンバーワンのテクニカル商社
——次世代自動車やIoT、5G・6G等の新市場攻略を積極化

ここに注目！ 国内外100拠点、グローバルなビジネスを推進
受託試験サービスなど独自のソリューションを展開

得意先は約13000社。国内50拠点、海外13カ国に47拠点を構え、電子計測機器のナンバーワン商社としてグローバル展開しているのが、日本電計株式会社だ。最先端の製品開発に欠かせない電子計測機器は、電気、電磁波、音、色、光などを測る研究開発のマザーツール。日本電計はオシロスコープや電源をはじめとする機器の販売や取り扱い商品の拡充に留まらず、多様なソリューションを展開するテクニカル商社への転換を進めている。待ったなしの脱炭素の取り組みや、デジタル社会の進展が加速するなか、テクニカル商社を標榜する日本電計に大きな成長の予感が現れ始めている。

4つのターゲット

「テクニカル商社に向けた当社の動きはすこぶる順調だ」。柳丹峰社長は、国内外で積極化しているソリューション営業の進展に自信を示す。2030年を最終年度とする長期計画で掲げたターゲット

は、先進運転支援システム（ADAS）・自動運転市場、新エネルギー自動車市場、IoT市場、次世代通信技術（5G/6G）市場の4つ。これらの市場に対し、同社のオートモーティブ市場推進部やソリューション事業推進部などの部隊が中心となり、市場ニーズを見極めるとともに、様々な企業や団体との連携やプロジェクト手法を駆使して課題解決型のビジネスにつなげる。

まずはADAS・自動運転市場。カメラモニターシステムやEV車の充電規格に関する受託試験に続く第3弾として、2021年6月から欧州の安全性能評価に準拠した試験設備による試験サービスを開始した。ADAS性能に関する総合的な試験環境を整えて、システム開発に必要な試験装置の販売や技術サポートを展開する。一方、自動運転で課題となるのが電波干渉による誤作動防止。柳社長は、「今後は電磁環境（EMC）試験の市場が有望になってくる」

と見ており、すでに専門部隊を立ち上げて、複数の試験機・計測器メーカーの機器を一括制御できるプラットフォームの開発に乗り出している。

新エネ自動車について、柳社長は「世界的なEVシフトが加速する。バッテリー、モーター、インバータで車を作る世界がやってくる」と強調。現在はバッテリーの充放電関係の市場開拓に力を入れているが、「モーターの計測関係でも具体的な案件が動いている」とし、もともと得意分野のインバータを合わせて、新エネ自動車全体の計測ニーズをカバーしていく戦略だ。

さらにIoT市場に向けて、世界有数の計測器メーカーであり、LabVIEWをはじめとする計測用ソフトウェアを提供する米NI社の日本法人と連携し、遠隔監視や計測データマネージメントなど顧客の高度で複雑なニーズに対応したテストソリューションを提供していく。また、普及が期待されるローカル5G市場でも提案活動を

JARIにて予防安全性能評価の受託試験開始

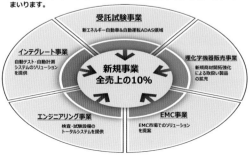

事業領域の拡大

海外製品の販売から設置、メンテナンス、校正まで対応

専門技術者にてEMC試験設備のトータルシステム提案

本社ビル

スタートする。これから計測需要が伸びる次世代市場の開拓を強化していくが、理化学機器市場をはじめとする事業領域の拡大については、Ｍ＆Ａの活用も積極的に検討していく考えだ。

技術系人材の確保に力

「電子計測機器という商材を売るだけでは成長は難しい。顧客の製品開発や事業開発をサポートする技術商社の役割を果たしていくことが欠かせない。その意味でも技術系人材の確保が最大の課題」という柳社長。商社ということ

で、「なかなか関心を持ってもらえない」と嘆くが、最近は「海外で仕事をしたいから」という理由で、グローバルにビジネスを展開している日本電計を志望する若者が増えているという。近く欧州、メキシコに拠点開設するほか、2030年までにロシア、米国西海岸、ブラジル、ドバイにも進出する計画で、活気のある海外で経験を積めるチャンスが一段と広がる見込みだ。

現在は、新型コロナで中止しているが、10年以上前から同社の海外拠点に1年間赴任する海外研

修制度を導入しているほか、専門スキル習得のための実務研修や語学研修、階層別研修などの社員教育制度を充実させている。さらに最近は電波暗室をはじめとする大型設備の受注増加に対応し、一級建築士などの資格取得にも力を入れており、1年間実務を離れて勉強に専念してもらうケースもあるという。柳社長は、「技術系で辞める人はほとんどいない」としながらも、全社的な給与体系の見直しも進めており、待遇面や働き方改革をはじめ社員満足に向けた取り組みを強化する方針だ。

|わ|が|社|を|語|る|

代表取締役社長
柳 丹峰氏

研究開発現場を支えるテクニカルパートナー

電子計測機器の専門商社として設立して以来、電子計測機器だけでなく環境試験機、精密物理計測機器、光学測定器、科学分析機器などの商品やサービスを提供するとともに、総合的なテクニカルパートナーとして、多くの研究・開発の現場を支えています。最近の急速なデジタル社会の進展や、脱炭素ニーズに見られる地球環境対策の大きな流れは、当社が活躍できるフィールドを押し広げています。なかでも自動車の自動運転技術や電動化、次世代通信技術やIoTといった市場は、大きな可能性を秘めています。今後も様々な知識ノウハウの習得と、新技術の獲得に向けて、専門性を持たせた営業体制とマネジメント体制の強化に努めてまいります。

会社DATA

所 在 地：東京都台東区上野5-14-12　NDビル
設　　立：1950（昭和25）年9月4日
代 表 者：柳　丹峰
資 本 金：11億5,917万円（東証JASDAQ上場）
売 上 高：連結：826億6,900百万円（2021年3月期）
従業員数：単体：531名（2020年3月31日現在）　グループ合計：1,069名
事業内容：電子計測器・各種システム機器・電子部品などの販売製造およびリース業務・レンタル業務
Ｕ　Ｒ　Ｌ：https://www.n-denkei.co.jp

▲ 都機工株式会社

産業機械・工作機械の販売を通じてモノづくりを支える
——工場リフォームや住設機器まで手がける創業55周年のプロ集団

ここに注目！ 面で営業。各支店から30〜40分で移動できる範囲を商圏に
顧客企業の視点から単価と納期で "ベストバイ" を追求

都機工は1966年5月の創業。2021年に創業55周年を迎えた。千葉県松戸市で立ち上げた事業は、京葉臨海工業地帯をカバーする臨海支店や成田国際空港周辺をカバーする成田支店など千葉県内5支店のほか、茨城県南部につくば支店を展開し、埼玉県東部までを商圏とするまでに成長した。2代目社長となる長橋初氏は社長就任から10年。「人と人のつながりを重視する」という姿勢で経営にあたってきた。新型コロナウイルス感染症が世界的に流行する中にあっても、顧客企業との間で築き上げてきた信頼関係を背景に、堅調な業績を継続。顧客密着の営業スタイルをどこまでも貫く。

商材の仕入先は毎月500社超。カタログに載らない物もワンストップ購買でユーザーに提供

営業活動は各支店から30〜40分で移動できる範囲の "接近戦" に徹する。モノづくりの会社であれば、業種や業態を選ばず、面で対応する。そして購買担当者の元に、多い時は一日2〜3回訪問し、商品の納入はもちろんのこと、すぐに相談できる安心感や営業情報の提供、ニーズのくみ上げといった多方面からユーザーをフォローする。

一般的に、営業担当者1人でユーザー対応するケースが多い中、同社は営業、業務、配送、技術営業という4人体制で個々のユーザーの活動を支えるのが大きな強みになっている。現在の業務展開の大テーマは「トータル・ファクトリー・プロデュース（TFP）」。各種の産業機器や資材に加え、工場内の配管回りの工事や工場増設といった工場に必要なものを総合的に提供し、ユーザー企業の課題を解決していく。製造業の国際標準規格である「ISO9001」の認証を2001年に

いち早く取得したのも、この取り組みの一環。また、工事関連事業は、全社売上高の約3割を占めるまでに成長しており、幅広いニーズに応えることで、顧客満足度の向上につなげている。

特に、工場のリフォーム事業は、支店横断で活動する産設事業部が受け持つ。2021年9月には開発課を新設し、重点顧客との接点を一段と強化する。ユーザー企業との密接な関係を基に、インターネットの世界では得られない現場の情報を共有し、ユーザーへの次の提案につなげている点も強みだ。

仕入先は毎月500社を超えており、仕入先が広がりすぎているとの見方もある中、ユーザーのニーズには「ノー」と言わない姿勢で商材やサービスを受注する。カタログに掲載されている商品は一部であり、カタログには載らない、標準化されていない商品も対面営業を通じて提供できる点は、

社内ではコミュニケーションの場を大切にしています

5年に1度の節目には、社員の家族も総出での社員旅行を実施

人材教育の一環として、毎月1回木鶏会を開催　　　　外部コンサルタントによる営業研修、幹部研修を開催

決定的に他社と異なる強みとして、ユーザーを強力に支えている。

住設機器もグループで提供。幅広い営業展開の基盤は人材の育成と成長がカギ

　都機工は、グループ会社の都システムで、塩ビ管や衛生陶器、建材といった住宅設備機器の販売を手がけている。商品は一戸建ての建築現場に運び込まれるものであり、商品によっては材料と工事の一式で受注する。手間はかかるが、営業展開の考え方は都機工とまったく同じで、ユーザーの課題を親身になっていかに解決するかだ。

　グループ全体の人材育成について長橋社長は「ユーザーの現場を訪問して様々な受注をいただけるようになるまでは4～5年はかかる」と語る。新卒者を中心に採用するが、中途採用も通年で実施。新卒に対しては約10年前からインターンシップ制度を導入して同行営業なども経験してもらいスムーズな入社につなげる一方で、経験者採用の際も3日間の営業体験を経て入社してもらうなど、手順を重ねる。また新人には教育担当とメンター担当の先輩社員を付け、さらに集合研修を実施。外部コンサルタントを招いての営業研修も15年以上続けている。社員同士が理解し合えるように、毎日の朝礼を軸に、対話と交流を繰り返しながら育成していく。

　「社員のゴールは、ユーザーのアドバイザーでありコンシェルジュになってもらうこと」と長橋社長は社員とともに会社の一層の成長を目指している。

|わ|が|社|を|語|る|

代表取締役社長
長橋　初氏

採用は人柄を重視。とにかく人材教育に力を入れています！

　当社では、人と人とのつながりを重視した営業を強みとしています。いわば、顧客企業のかゆいところに手が届くように、ということです。製造業、住宅建設の現場の活動がスムーズに進むように、機械、設備、資材をタイムリーに提供していくには、密接なやりとりが欠かせません。

　そのためにも、人材教育には時間と機会を多く割き、顧客企業に受け入れてもらえる知識習得と人づくりに力を入れています。社員同士の仲の良さも当社の特徴だと思っています。人が育たたないと、営業の拡大はできません。働くことを通じて世のため人のために役立つこと。そして社員の人間性の成長が企業としての成長につながるはずとの信念の下、産業界の発展に貢献していきます。

会社DATA

所 在 地：千葉県松戸市西馬橋幸町122-1
創　　業：1966（昭和41）年5月
設　　立：1970（昭和45）年9月
代 表 者：長橋　初
資 本 金：5500万円
従 業 員 数：98名、グループ合計113名（2021年8月31日現在）
事 業 内 容：産業機械、工作機械、産業資材、住宅設備機器・資材の販売、工場リフォーム
U　R　L：http://www.miyakokiko.co.jp/

モノづくり

トータルソリューション

社会インフラ

商社・サービス

建設・不動産

◢明光電子株式会社

早く、広く、深く、国内産業メーカーをサポートする電子の統合商社
──「専門商社」と「便利屋」、2面性を併せ持ち、業界に唯一無二の存在感を示す

ここに注目！
「専門商社」と「便利屋」を両立し、戦わずして勝てる体制を構築
開発段階から一体となり、部品調達から製造・検査まで一括したサポート

DXをはじめAI、IoTといったIT技術の飛躍的な進展により、世の中が急激に変化している。最先端の電子機器を扱うエレクトロニクス業界はとりわけ変化の激しい業界だ。その中、半導体や電子部品を扱う年商約60億の統合商社である明光電子は、"専門商社"と"便利屋"という2つの顔を使い分け、業界内で唯一無二の存在感を示す。専門商社としての深い知識と、便利屋としての早いレスポンスや、幅広い取り扱い品種で「早く、広く、深く」を実現。顧客である産業機器メーカーの製品開発から一体となって部品一つ一つを選定し、部品調達から技術支援、製造、検査まで一括サポートを行い、同業界に競合のいない"ブルーオーシャン市場"をビジネスのターゲットとしている。

ライバルとは正反対の戦略で競合を排除

半導体、LED、トランジスタ、IC、メモリ、センサなど、電子部品と一口に言ってもその種類は非常に多岐にわたる。その中で多種多様な企業が熾烈な競争を繰り広げ、しのぎを削っている。そんなライバル企業とまともに勝負していては、低価格競争に巻き込まれ、会社が疲弊してしまう。そこで同社では「商社として勝つための戦略を立てた」と根本敬継社長は明かす。「①電子部品の各分野で業界1～3位までのメーカーと直接付き合う。なおかつ、②それぞれが競合しない製品のみを扱う」（根本氏）というものだ。こ

うすることで仕入れ先との深い信頼関係が生まれる。業界3位以下とは疎遠になるが、「敵味方をはっきりさせることで、かえって業界トップ企業からの信頼が高まる。その結果、新製品の情報やサンプル、技術情報などが得られ、弊社も納期・価格・品質、すべてにおいて深く最高のサービスを提供できる」（根本氏）。良好な関係の仕入れ先をたくさん持つことで、同社の"専門商社"としての地位が固まった。

ただし、同社が業界で唯一とも言えるユニークな立ち位置を気づけたのは、これだけが理由ではない。「専門商社として高度な知識を持つだけでは、他社との顧客の奪い合いから逃れられません。そこで重要になるのが弊社の"便利

Japan IT Week春（東京ビッグサイト）出展風景

自社開発したIoTエッジノード（デモシステム）

明光電子（福岡本社）建屋外観

屋"としての顔です」と根本氏は言う。「売上の8割は顧客の2割が生み出す」という言葉があるように、売上を効率よく伸ばすには、「売上をもたらす2割の顧客」に重点を置くべきだ。ところが、同社はあえて正反対の戦略を取る。「2割の売上をもたらす8割の顧客」を取りに行ったのだ。この方法だと多様な企業を相手に雑多な製品を販売することになり、"便利屋"の役割になってゆく。ただし、「このような儲けが薄く、手間のかかることをメーカーは嫌がるため、滅多に競合しない。それどころか、『あの部品がほしい』『この材料が欲しい』という要望に応えてメーカーと補完

関係も築ける」と根本氏は語る。「専門商社」と「便利屋」。この2つの顔によって、同社の前には競合のいない"ブルーオーシャン市場"が拓けた。業界で唯一無二の立ち位置を築いたと言える。

早く、広く、そして深いサポートを提供

同社には電子部品の統合商社として2つの顔を持つことで、仕入れ先との強いネットワークがある。このネットワークを活用し、「早いレスポンス」「広いネットワーク」「深いサポート」を実践。半導体・電子部品の調達から技術サポート、製造、検査までを一括サポートできるのが、同社の

もう一つの強みだ。「開発から一体となって部品一つ一つを選定し、技術サポート、製造、検査までのワンストップソリューションを提供できる」（根本氏）。豊富な製品群より、マイコン選定の段階から電子部品に至るまで一貫して、より最適な製品を提案・調達し、さらに技術サポートや開発、在庫管理なども受託が可能だ。「最近では、システムレベルの開発要求が急増し、開発段階より手前の企画段階からコンサルティング業務を請け負うケースも出てきた。」と語る根本氏。こうした顧客への真摯なサポート姿勢が同社の躍進を支えている。

| わ | が | 社 | を | 語 | る |

代表取締役社長
根本 敬継氏

早い、広い、深い、電子の統合サービスが強み

世の中はどんどん変化しており、弊社はその中でも変化の激しい電子の世界で生きています。情報化社会が進むほど情報量が増大し、選択の基準も難しくなります。明光電子は、得意分野に特化した"専門商社"ではなく、取扱い品種が多いが安定供給に不安を抱えがちな"便利屋"でもない。この相反する2つの仕組みを併せ持った統合商社です。私たちの使命は、多くの情報の中から真に価値のあるものだけを的確に選択し、社会に提供すること。お客様と開発から一体となって、部品一つ一つを選定し、技術サポート、製造、検査までを「早いレスポンス」「広いネットワーク」「深いサポート」で実践できる、電子の統合サービスが弊社の強みです。

会社DATA	
所 在 地：	神奈川県横浜市港北区新横浜3-18-9　新横浜ICビル4階
設　　立：	1979（昭和54）年7月20日
代 表 者：	根本 敬継
資 本 金：	9,900万円
従業員数：	90名（2021年9月現在）
事業内容：	IC・電子部品の専門商社
Ｕ　Ｒ　Ｌ：	http://www.meicodenshi.com/

▲株式会社ユキリエ

スキルと意識の高さが評価されている女性事務職のアウトソーシング
——女性が真に主役の会社で仕事のやりがいと成長の喜びを実感

ここに注目！ 外資系トップ企業の DNA を受け継いだ、自己実現可能な研修制度
クライアントが求める参画意識と一歩先を読んだ仕事を提供

株式会社ユキリエは、事務職に特化したアウトソーシング事業を展開している。社員約240名のうち、女性社員100%、管理職に占める女性も100%と、女性が真に主役の会社だ。コロナ禍においても、躍進し続けるユキリエには様々な業界からも一目置かれている。

松田社長はグローバル企業数社の勤務を経て、2011年にユキリエを設立した。

「『働き方』は日本と海外では大きく異なる。女性が真に活躍できる組織、グローバル企業の働き方ノウハウを"カタチ"にしたのが当社です。」（松田社長）と説明する。

やりがいと自己実現を可能にした研修制度

女性が長期・継続的にキャリアを実現していくために、「ユキリエ・ユニバーシティ」という独自の研修カリキュラムを導入している。PC操作やビジネスマナーなどの技術面はもちろん、社会人としての"仕事観"を身に付けることを最終的な目的としている。ビジネスパーソンとしてのスキル向上とともに、得意分野に特化した専門性ある人材の育成に注力し、一人ひとりの成長を丁寧にフォローしていくことで、事務職未経験や新卒（第二新卒）からでもプロフェッショナルとしてキャリアを積んでいくことができる。未だ類を見ないグローバル企業のDNAを受け継ぐオリジナルメソッドはユキリエの強みだ。

一歩先を行く事務職の"プロフェッショナル集団"に

研修制度により、高いスキルを保ちながら仕事ができるだけでなく、得意分野で自らの成長を実感しながら仕事ができるのは、働く女性の励みとなっている。

松田社長によると、ユキリエの社員は単にサポート的な事務職ではなく、事務職のプロフェッショナルとして仕事をしており、自ら仕事を追いかける、プロジェクトへの参画意識が高い点が評価のポイントだと分析している。

「事務はサポートと言われるが、むしろ事務が周囲をリードするという考え方で仕事をしているユキリエでは、自ら仕事の担当領域を広げることを大切にしています。そのため、仮に担当業務以外であってもやるのが適切、とその場で判断したならば、柔軟に対応できるようになっています。置か

充実した研修制度で専門スキルを身に付け、キャリアアップを目指せる環境が整っています！

季節ごとに変わる手作り感あるエントランス♪ （写真：東京本社）

2021年1月に大阪支社、7月に札幌支社、8月に仙台・福岡支社を設立。日本から世界へ、ユキリエの挑戦はこれからが本番！

ユキリエ社員犬「まるちゃん」ホームページにて近況更新中！

れた状況や業務への関連性等を考え、会議なども自ら必要に応じて参加し、お客様のニーズに合わせた、一歩先を読んだ仕事ができるので、『(仕事を) 頼みやすい』とよく言われます」(松田社長)。設立当初のクライアントはIT業界が多かったが、現在は業界業種の垣根を越え幅広い分野での支援を実現している。

新しいワークスタイルの創造を目指す

設立当初、社員を募集したところ予想以上の応募があり、業界でも話題になった。

以来、女性中心かつ女性目線で、どんなバックグラウンドを持つ女性にとっても柔軟な働き方を実践できる環境を整えている。例えば、産休・育休復帰率は100%だ。ユキリエでは未来のママ社員と仕事と家庭を両立する先輩ママ社員との交流の場を積極的に設けており、気軽に相談が可能、安心して仕事への復帰が可能だ。その結果、首都圏から全国へますます多くの共感者を増やしている。そうした多くの期待に応えるべく、2021年1月に大阪支社、7月に札幌支社、8月に仙台・福岡支社を設立し、これからは海外のニーズにも応えていく予定だ。

今後のユキリエについて、松田社長は、「企業としてはSDGsの取り組みなど、社会的貢献を果たしながら継続して発展させるのが目標。また、単にビジネスとして女性のアウトソーシング事業を捉えるのではなく、女性の活躍の場を拡大できる企業でありたいというのが、当社の社会的ミッション。女性にとって働きやすい"次"のワークスタイルを創造していくのが我々の使命であり、コロナ禍により社会が大きく変化した今が、チャンスでもある」という。女性の働き方そのものを変えようとしている、ユキリエの勢いは止まらない。

| わ | が | 社 | を | 語 | る |

代表取締役社長
松田 豊己氏

女性のポテンシャルを最大限に引き出す

私たちは"女性活躍"に先駆け、2011年の設立当初より、正社員による事務職に特化したアウトソーシング事業を展開しています。

当社取り組みに多くの方からご支持いただき、2021年8月1日より第11期目を迎えました。

当社最大の魅力は、女性のポテンシャルを最大限に引き出すことで、一人ひとりが既成概念や常識の枠組みを越え、無限に広がる可能性にチャレンジしていること。

ビジネスにおいて女性が活躍する社会の仕組みを創り出していくフロンティアスピリットさえあれば、どんなバックグラウンドをもつあなたも、あなたが将来なりたいと思うあなたをユキリエは歓迎します。

あらゆる才能が輝く場所で、社会にインパクトある仕事をしてみませんか？

会社 DATA

所　在　地：東京都千代田区神田錦町1-16-1
設　　　立：2011（平成23）年8月1日
代　表　者：松田 豊己
資　本　金：3千万円
従 業 員 数：240名
事 業 内 容：大手企業への事務支援サービス、アウトソーシング事業
Ｕ　Ｒ　Ｌ：https://www.yukirie.co.jp/

岡田工業株式会社

首都圏最大の出荷量を誇る住宅用基礎ユニット鉄筋メーカー
——国内の住宅産業をハード＆ソフトでサポート

ここに注目！ 年間 18,000 棟の実績と積算精度の高さに基づく信頼性
海外 CAD リソースや VR を活用したソリューション事業を積極化

住宅の基礎工事の過程で格子状に配される鉄筋。ここにコンクリートを流し込み、住宅の土台となる鉄筋コンクリートが出来上がる。従来は、基礎に合わせて現場で一本一本鉄筋をカットして結束する職人作業が主流だったが、最近は工場であらかじめ溶接して組み上げたユニット鉄筋が用いられる。現場で鉄筋を組むより品質が安定するほか、大幅な工期短縮と鉄筋のムダが防げるからだ。この住宅用基礎ユニット鉄筋を年間18,000棟分設計・製造しているのが岡田工業株式会社。首都圏最大の出荷量を誇り、まさに日本の優れた住宅品質を支えているリトルガリバーでもある。

公的性能評定を取得した溶接品質

「本来は鉄筋に溶接するのはタブーとされている」と話すのは、同社のユニット鉄筋事業を指揮する岡田健太郎専務。下手に溶接すると鉄筋本来の強度が失われてし

まうそうで、鉄筋自体の構造耐力を保証することが不可欠。岡田工業は、1999年から公的機関の日本建築センターより溶接金網に関する構造耐力性能評定を取得、剪断強度や引っ張り強度のエビデンスを確保しているほか、自社工場で一貫生産体制を整え製品のトレサビリティを実現。大手ハウスメーカーなどからの受注を拡大させてきた。

千葉工場（千葉県長生郡）、浦安工場（千葉県浦安市）、大月工場（山梨県大月市）の三拠点を構えることも大きい。「一日平均70-80棟相当の納品出荷をしている」（岡田専務）状況で、現場のスケジュールはつねに天候に左右されるなか、現場監督者らと緊密に連携したジャストインタイムの邸別出荷が求められる。自社配送機能を軸にした首都圏一円の迅速かつ柔軟な供給体制を確立していることも、同社成長の一因といえるだろう。

ただ岡田専務は、「実際にどう

いった長さと形状の鉄筋を使うのか、2次元の基礎図面から、鉄筋の段差や重なりなどを読み取り積算するのは至難の技。製品自体の差別化は難しいが、この積算業務の精度によって現場の満足度は変わってくる」と解説。自社開発の3次元積算ソフトを用いて、基礎図面にマッチした最適な必要部材と形状を割り出せるのが岡田工業が評価される最大の理由だ。現在、この積算業務の多くをフィリピンに設立した2つの子会社に属する20人のスタッフに担当させており、国内15人の積算担当スタッフとともに、効率的な積算サービスを提供している。

創業以来、住宅基礎鉄筋のほか道路で使うU字側溝など土木用鉄筋等で着実に事業を営んできた岡田工業だが、新規ビジネスに対する高い挑戦意欲が成長の原動力。まずは5年前に始めた摩擦減震パッキンの販売事業。SMRC株式会社（東京都）が開発製造する減震パッキン「UFO-E」の総

長生郡長柄町にある千葉工場。7,583㎡の敷地を有しているメインの生産拠点

鉄筋の溶接工程。スポット溶接機だけで13台保有している

地震による倒壊から家を守る

摩擦ゲンシンパッキン

UFO-E
ユーフォーイー

摩擦減震パッキンUFO-E。累計2万棟の販売実績がある

フィリピン子会社の事務所の様子。現地スタッフは70名を超える

CGパース・パノラマVRサービス『LIVRA3D』バーチャル住宅展示場

販売元となり、累計2万棟の販売実績を上げている。基礎と土台の間に挟んで使用するだけで、大型地震の加速度入力を半分まで減衰することが可能で、低コストで免震装置に近い効果が期待できるため、戸建て住宅の施主らを中心に採用が広がっている。

住宅産業に役立つサービスを提供

　フィリピン子会社を活用したソリューションも本格化させている。建築図面・積算専門の海外CADアウトソーシングサービス。住宅設計の作図業務の人材不足に対応し、同社フィリピン拠点でパース作成や平面詳細図・電気図・基礎伏図・外構図等の建築図面、部材積算までを住宅メーカーに代わって受託する。年間4,000件以上の図面・CGパースを作成しており、顧客の専属チームを組織して業務遂行することも可能だ。「単純にユニット鉄筋を提供するだけでなく、顧客の抱える問題を解決し日本の住宅産業の役に立つサービスを手掛ける姿勢が必要」という岡田専務。国内の大工不足という構造課題にも踏み込み、フィリピン拠点を技能研修センターとして活用、技能実習生の受け入れ前の専門実技研修サービスもスタートした。建築技能だけでなく、クロス・下地張りなどの内装研修もメニュー化し、これまでに200人の実習生を送り出している。

　挑戦はまだ続く。将来事業として取り組み始めたのが、仮想現実（VR）を用いたバーチャル住宅展示場。3次元CAD技術とフィリピンの海外人材リソースを活用し、住宅の内見、内覧とインサイドセールスが可能なプラットフォーム「LIVRA3D」を立ち上げる。「戸建て住宅の7割は、地域密着の中小住宅メーカーや工務店。自前の展示場もバーチャル展示場もなかなか持てないのが実情」（岡田専務）にあることから、同社が低コストで利用できる商談環境を構築する。ユニット鉄筋のリトルガリバーに留まらず、多様なサービスを次々と構想実現していく岡田工業の成長が止まることはなさそうだ。

| わ | が | 社 | を | 語 | る |

代表取締役社長
岡田 孝雄氏

製造業の枠に促われず価値ある製品・サービスを追求

　当社は創業以来、「市場のニーズを先取りし、お客様の立場に立って最良の製品とサービスを提供する」ことを企業理念に、住宅基礎鉄筋ユニットやコンクリート二次製品用溶接金網の製造販売に携わってきました。2008年からはフィリピンに子会社を設立し、日本国内の建築・建設会社に向けて、設計製図や現場の労働人材不足に対するソリューション業務を積極的に進め

てきました。これらのサービスは、当社にとってもチャレンジングな取り組みでしたが、顧客から評価をいただき、いまなお新たなサービスの幅を拡大しています。今後も企業理念にある「お客様の立場に立って」を念頭に置き、製造業の枠に促われず価値ある製品・サービスを追求していきます。

会社DATA

所 在 地：神奈川県横浜市神奈川区立町6番地5　ロワール東白楽801
創　　業：1963（昭和38）年9月
代　　表：岡田 孝雄
資 本 金：1,000万円
従 業 員 数：100名（2021年8月現在）
事 業 内 容：住宅用基礎鉄筋ユニット製造販売及び副資材の販売、海外アウトソーシング
　　　　　　サービス（CAD図面・住宅部材積算）、コンクリート二次製品用金網製造販売
U　R　L：https://okada-mesh.co.jp

▲ 新三平建設株式会社

マンション建設で豊富な実績と先進技術を有する総合建設会社
──高い施工品質＆管理技術をテコに新分野を開拓

ここに注目！
長年のマンション建設で培われたブランドと技術力
リノベーションの受注拡大と再生可能エネルギー事業やアジア展開による将来成長性

業界に先駆け、早くからマンションに特化した建築事業を推進し、最盛期には首都圏を中心に年間4,800戸もの実績を打ち立てた総合建設会社。大手ゼネコンとマンション建設でしのぎを削るなか、一度はリーマンショックによる不動産デベロッパーの相次ぐ破たんで事業継続が危ぶまれたが、「マンション建設の三平」としてのブランドをテコに、2009年に旧三平建設の事業の一部を譲り受けるかたちで新三平建設株式会社を設立した。現在はマンションやオフィスビル、公共施設等の建築事業のほか、耐震工事を含めたリノベーション（大規模改修工事）事業や太陽光発電施設の建設、維持管理を中心とする再生可能エネルギー事業など、多彩な事業で活躍の場を広げている。

大手デベロッパーによる
リピート発注

社員数100人弱と大手に比べ

れば小粒だが、マンション業界で新三平の名前は広く知られる。オフィスビルや公共施設などと異なり、マンションは内外装の仕上げをはじめ品質基準がずば抜けて高く、内覧会やクレーム対応など、アフターメンテを含めた進行管理は経験がモノを言う。飯田忠房社長は、「細やかな仕事を長年経験してきた特有のノウハウがある」と説明し、いまなお初取引をした大手デベロッパーが特命でリピート発注し続けるケースも珍しくない。

阪神淡路大震災後、いち早く免震構造を取り入れた安全性設計を提案するなど、免震・耐震の工事技術を積極的に推進してきたことも大きい。「最近は耐震補強を含むリノベーションの受注が増えている。今後の大きな柱になるだろう」（飯田社長）という。将来的なマンション需要は不透明感が漂うものの、成長が見込めるリノ

ベーション需要を取り込んで持続成長につなげる。

中国・アジアでのビジネス展開も見逃せない。要求品質が格段に高い日本のマンション建築技術に対する海外ニーズは強いものがある。このため2011年に中国・上海のゼネコンと現地合弁を設立し、2012年から中国国内のハイグレードマンションのプロジェクトに参画、設計・企画段階から建築に至るコンサル業務、施工管理業務で実績をあげている。さらに2015年にはミャンマーに現地子会社を設立し、ホテル経営のほかオフィス、工場建築に関する総合コンサルティング業務をスタートさせている。2020年にはマレーシアにも現地子会社を設立した。いずれも新三平建設で海外研修生として長年修行し、母国に帰国した社員が現地会社で活躍する仕組みで、飯田社長は、「日本の高い建築技術をアジアのインフラ整備

海外でも様々なプロジェクトに携わり多くの実績を持つ

隅田川沿いに大型屋外広告を展開

合同ゴルフコンペを開催するなど協力会社との関係も大切にしている

最近は若い世代が増えて現場はいつも和気あいあい

に生かしてもらいたい」と強調する。

一方、新分野開拓として数年前にスタートさせたのが再生可能エネルギー事業。まずはマンション施工の管理技術を生かして、太陽光発電施設の設計施工および管理業務を事業化させており、雷対策や太陽パネルの維持補修など、施設全体の運営管理をワンストップで提供する。最近は自社開発したモニタリングシステムを使用して発電所のリモート監視を始めているほか、風力発電施設にも進出している。昨年にはZEHデベロッパーの認定も取得しており、脱炭素社会の実現を新たなビジネス領域に育成していく。

社員の働きがいを引き出す環境づくり

業界紙がまとめた建設業界の2020年度の一人当たり売上ランキングで全国19位と、前年度の30位から大きくジャンプアップした新三平建設。社員一人ひとりのアウトプットが拡大している証しであり、そんな同社が力を入れているのが、社員の働きがいを引き出す環境づくりだ。なかでも2020年10月から導入した資格取得助成制度は、国家資格に限らず民間資格も含め全ての試験に合格した場合、奨励金や毎月の資格手当を支給する内容で、「資格なら何でもOK」（飯田社長）という大胆な取り決めで、受講費補助もあり勉強に打ち込む社員が増えたとか。最近は20代の社員が増えている。これからも和気あいあいとした雰囲気と気概に満ちた同社の快進撃が続くことになりそうだ。

|わ|が|社|を|語|る|

代表取締役社長
飯田 忠房氏

国内外の社会ニーズに応える

社員の約7割が建設・不動産関連の資格を有し、マンション建設の豊富な現場経験と確実な技術力をベースに成長してきました。最近は、太陽光発電をはじめとする再生可能エネルギー事業をスタートさせるとともに、アジア諸国に対する当社建築技術の移転を目的とした現地コンサル業務を本格化させ、国内外の社会ニーズに応える企業を目指しています。主役は真面目で素直な96人の社員です。社員がいきいきと業務を遂行し、働きがいと挑戦意欲を持って仕事に臨める環境が欠かせません。当社は、これからも全社員で技術力と企画開発力に磨きをかけて、一歩先を行く思考と行動で、社会から信頼される企業であり続けたいと考えています。

会社DATA	
所 在 地	東京都台東区元浅草1-6-13　元浅草MNビル
設　　立	2009（平成21）年1月
代 表 者	飯田 忠房
資 本 金	1億円
売 上 高	138億9千百万円（2021年3月期）
従業員数	96名（2021年4月1日現在）
事業内容	1. マンション、オフィス、ホテル、介護施設等の建築工事の請負 2. 前号に定める各工事の設計、監理及びコンサルタント
U R L	https://www.shinsampei.com/

大成温調株式会社

安全で快適な空間を創造する「総合たてものサービス企業」

――建築設備の設計から施工管理まで一貫して手掛けるプロフェッショナル集団

ここに注目！

空気と水と電気まわりの建築設備をトータルで設計施工できる優位性
長期ビジョンを策定し、建物の一生をカバーする成長戦略を明確化

大成温調株式会社は、建設業界の中でもサブコンと呼ばれる建築設備の設計・施工管理・維持保全サービスをトータルに手掛けている企業。創業は1941年で、2021年4月に創業80周年を迎えた。創業当時は主に店舗用の冷凍・冷蔵機器を製造するハードメーカーとしてスタートしたが、徐々に食品工場などの空気調和設備・給排水衛生設備の設計・施工に取り掛かり始め、エンジニアリング会社となった歴史がある。現在では国内のみならずアジア・環太平洋圏に海外拠点を持ち、数多くの建築設備工事を手掛けている。

建物に命を吹き込む設備の仕事

大成温調の建築設備工事とは、空気・水・電気にまつわる屋内の環境を作り上げる仕事。例えば給排水衛生設備。建物内部で使用する水やお湯を安定的に供給する一方、トイレやキッチンなどで使った水を排出するのに必要なものだ。空気調和設備も同じ。室内の温度・湿度コントロールや新鮮な空気を供給することで、快適な室内環境を作り出す。まさに建物に命を吹き込み快適な環境を作り出すことこそが、同社の役割だ。オフィスビルや商業施設、文化レジャー施設など、さまざまな建物の設備案件で、設計から施工管理まで一貫して手掛ける総合設備のプロフェッショナルとして成長を遂げてきた。水谷憲一社長は、「空気調和だけ、給排水衛生だけといった特定の専門分野だけでなく、バランスよくまんべんなく対応できるのが当社の強み」と語り、最近は大型の病院やアイススケートリンクなど、高い専門技術を求められる案件の実績が増えていることに自信を示す。

海外にも注力している。現在はハワイ、中国、ベトナム、シンガポールへ展開しており、全体の売上の約20％を占めている。今後も東南アジアを中心にさらに強化していく方針だ。

着実な成長を遂げてきた大成温調だが、少子高齢化や人口減少を背景にした国内建設投資の伸び悩みに伴い、従来事業モデルの革新が急務となっている。こうしたなか2020年に同社が掲げたのが、新ブランドLIVZON（リブゾン）。「たてものを、いきものに」を中心コンセプトに掲げ、「空気調和や給排水衛生の設備工事を手掛けるスペシャリスト」というこれまでの基盤を維持しながら、今

新築工事「YSアリーナ八戸」

改修工事「南座」

活躍する若手社員

新鮮で自由な発想を持った自走社員が活躍

後は建物のライフサイクル全体に関わる「総合たてものサービス企業」へ進化を遂げる方針だ。すでに新築物件だけでなく、竣工後のメンテナンスと調査・診断を踏まえたリノベーション事業も強化しており、建物の一生をワンストップで見られる包括的なソリューション提供集団を目指す。

長期ビジョンを策定

このため、この6月に「LIVZON DREAM 2030」という長期ビジョンを策定し、「総合たてものサービス企業」の実現に向けた戦略を具体化した。第1は「機能戦略」。空気調和・給排水衛生の設備工事をコア事業とし、対応できる幅を増やし多機能化し電気設備などの周辺分野を拡充、コンサルティングから施設管理まで一貫した体制を築き、多様な提案ができる企業を目指す。第2は「地域戦略」。国内の拠点、海外現地法人それぞれの地域課題に即した、人材面・資金面の経営資源の再配分を行う。また、他企業との資本・業務提携やM&Aなど展開を目指す。第3は「デジタルトランスフォーメーション（DX）戦略」。経営と業務プロセスのデジタル化だけでなく、生産プロセスの変革にも着手し、一人当たりの生産性の向上を目指す。デジタルテクノロジーの研究開発をもとに、将来的には新たなビジネスモデルの構築も見据えている。

2021年3月には国内投資会社のアドバンテッジアドバイザーズ社（AA社）と事業提携し、事業拡大とDXに拍車をかける。水谷社長は「AA社が持つM&AやDXの情報とノウハウを積極的に活用し、単独では実現できないようなスピードと規模感で長期ビジョンの実現を目指す」と強調、大成温調は大きく生まれ変わることになりそうだ。

| わ | が | 社 | を | 語 | る |

代表取締役 社長執行役員
水谷 憲一氏

若手社員の挑戦を後押しする社風

大成温調は創業以来、設備工事を中心に、安全で快適な環境の創造に取り組んできました。社是「お客さま第一」のもと、常に施主やオーナー、利用者の皆さまに寄り添った質の高いサービスを追求しています。また若手社員の挑戦を後押しするような面倒見の良い社風が特徴です。実際に、社内公募で海外駐在に手を挙げたチャレンジングな若手女性社員も登用するなど、年齢や性別・国籍に関係なく、高いレベルのスキルと、新鮮で自由な発想を持った方々に大いに活躍してもらえる環境を整えています。将来ドラマチックに大きく成長する可能性と伸びしろを持った会社であり、「LIVZON」ブランドという誇りと責任を胸に一段の飛躍を目指してまいります。

会社DATA

所 在 地：東京都品川区大井1丁目49番10号
創 業：1941（昭和16）年4月3日
設 立：1952（昭和27）年12月22日
代 表 者：水谷 憲一
資 本 金：51億9,505万7,500円（東証JASDAQ上場）
売 上 高：連結486億3,391万円（2021年3月期）
従業員数：単体587名（2021年3月末）
事業内容：空気調和・給排水衛生・電気設備工事及び建築一式工事の設計・施工管理等
U R L：https://www.taisei-oncho.co.jp/

▲ダイダン株式会社

総合設備工事から、快適・最適な「空間価値創造」企業へ
——基幹事業を拡大、海外・技術力・事業基盤を強化、新規事業を開拓

 ここに注目！ 創業100年超。大手総合設備工事会社の一角占め、売上高2000億円へ
消費エネルギーゼロのビル、再生医療の空間構築などで先駆的取り組み

ダイダン株式会社は電気設備、空調設備、給排水衛生設備の総合設備工事会社だ。創業は1903年と明治時代に事業を興した老舗で、わが国の大手総合設備工事会社の一角を占める。旧社名は大阪電気暖房。その略称を採って1987年に商号変更した。1976年に社内公募によって決めたキャッチフレーズ「光と空気と水を生かす」は、いまも「建物のいのちをつくる」とともに同社を的確に表している。2022年4月に行われる東京証券取引所の新市場区分では、最上位の「プライム市場」を申請する方針。2020年代の長期ビジョンで「空間価値創造」企業への飛躍を掲げ、24年3月期連結は売上高2000億円、営業利益100億円を計画している。

技術が評価され、DX銘柄2020、i-Construction大賞など次々に受賞

ここ数年、ダイダンは様々な話題を提供してきた。まず、特許庁総合庁舎改修の機械設備工事が国土交通省の「2020年度i-Construction大賞」優秀賞を受賞した。この賞は革新的技術の活用により建設現場の生産性向上を図るもので、空調機器の搬出入に3次元コンピュータ支援設計（3DCAD）、現地の3次元記録およびバーチャル・リアリティ（仮想現実）化を活用して施工計画を立案したことなどが評価された。

また、経済産業省と東証が共同で選定する「DX（デジタルトランスフォーメーション）銘柄2020」に選ばれた。多様な働き方を実現する「現場支援リモートチーム」による生産性向上が高く評価された。佐々木洋二上席執行役員CIO（最高情報責任者）兼経営企画室長は「技術者不足を補うとともに生産性向上、業務負担軽減を図るため、DXに力を注いでいる。現場支援リモートチームは17年からスタートした。おかげでコロナ禍でも慌てることなくリモートでできた」という。

ZEB（ネット・ゼロ・エネルギー・ビル）への取り組みも早かった。「脱炭素社会の実現に向けて、建築設備業の役割は大きい。ZEBは14年に計画をスタートさせ、自社ビルの建て替え時に検証を始めた」（佐々木上席執行役員）。16年完成の九州支社（エネフィス九州）を皮切りに、19年に四国支店（エネフィス四国）、21年に寒冷地仕様の北海道支店（エネフィス北海道）が相次いで完成、21年5月には北陸支店が着工した。これらの支店はウェルネスオフィスのSランク認証（北海道）、カーボンニュートラル賞（四国）など各方面から極めて高い評価を受けている。佐々木上席執行役員は「ZEBリーディング企業としての地位を確立していく」と、事業拡大を見据えている。

「人の成長と、活躍の場」を大事に、定年延長、女性活躍推進

話題の提供は、新規事業にも及ぶ。再生医療を身近な医療とするため、短工期で高清浄度の空間を

当社のマテリアリティ項目	基本方針（長期ビジョンより）	SDGs
低炭素社会への貢献		
DXを通じた事業環境の変化への対応		
高品質な医療環境の実現		
研究・人材育成を通じたイノベーションと生産性向上		
健康・安全に配慮した働きがいのある職場環境		
協力会社・サプライヤーとのパートナーシップ		

持続可能な社会の実現に向けた社会課題・環境問題に対応したダイダンのマテリアリティ（重要課題）

ダイダン四国支店「エネフィス四国」の外観

若手から挑戦できる企業風土　　　　　　　　　　　　新入社員研修の様子

構築できる「エアバリアブース」（半開放型気流制御クリーンブース）を開発した。細胞の培養加工・調製を行うCPF施設を保有しなくても代替できるようにし、神戸アイセンターで運用が始まった。

　また、1000分の1ミリサイズの隙間に入り込むことで、洗剤などを使わずに汚れを溶解できる超臨界CO_2（二酸化炭素）を用いたエアフィルター再生技術を実用化（2012年度化学工業会賞技術賞を受賞）し、電子デバイス分野の排気処理用活性炭やケミカルフィルターの再生を可能としている。廃棄物の削減、資源の有効利用につながる新市場の開拓だ。

　ダイダンは、これら技術力の強化、新規事業の開拓はもちろん、産業施設工事やストックビジネスなどの基幹事業拡大、20年11月に設立したベトナム現地法人などの海外事業強化、さらには21年4月から定年を65歳に、継続雇用を70歳までそれぞれ延長するなど事業基盤の強化を経営戦略の柱に据え、24年3月期までの3年間に累計で200億円を投資する計画。

　こうした中で、とくに大事にしているのは「人の成長と、活躍の場」（同）だ。「工事の工程管理、安全・品質管理など業務は多岐にわたる。人が最大の経営資源であ

り、社員教育を充実させている。優秀な人や協力会社を表彰する制度もある」（同）と、人材への投資を惜しまない。それは、デジタル戦略のキャッチフレーズが「人を生かすDX推進」であることからもうかがえる。

　健康経営優良法人（大規模法人部門）の2年連続認定、取得率約9割のリフレッシュ休暇（毎年1回連続7日間以内）など、人を大事にする制度は数多い。女性活躍も推進しており、22年度までに管理職に占める女性の割合を1%以上、採用者に占める女性比率を20%以上にそれぞれ高める宣言を行っている。

| わ | が | 社 | を | 語 | る |

上席執行役員 CIO（最高情報責任者）兼経営企画室長

佐々木 洋二氏

新卒技術職は集合・現場研修を1年間

　新入社員は毎年100人ほど採用しています。理系8割、文系2割と理系が多いですね。技術職は入社後、6カ月間の集合研修があり、設備の基礎からCADの使い方、設計図・施工図作成など、業務に必要な知識を習得してもらいます。それが終わると、6カ月間の現場研修となり、学んだ技術をもとに現場での経験を積んでもらいます。その後はワークライフバランスを図り

ながら、習熟度に応じて人材育成を行っています。技術力を磨きながら、働きやすい環境を構築しています。

　コロナ禍でリモート勤務、リモート会議を推進し、サテライトオフィスも整備しました。快適・最適な「空間価値創造」企業への飛躍を、ともに実現しましょう。採用応募をお待ちしています。

会社DATA

所 在 地：本店　大阪市西区江戸堀1-9-25　東京本社　東京都千代田区富士見2-15-10
創 　　業：1903（明治36）年3月4日
設 　　立：1933（昭和8）年10月10日
代 表 者：北野 晶平、藤澤 一郎
資 本 金：44億7,972万5,988円（東証1部上場）
従業員数：1,721名、個別では1,605名（2021年6月末現在）
事業内容：電気工事、空調工事、水道衛生工事、消防施設工事および機械器具設置工事
　　　　　の設計、監理、施工
U R L：https://www.daidan.co.jp/

▲中央復建コンサルタンツ株式会社

未来社会をデザインする「ニーズを超えた価値創造」集団
——ニーズの奥にある本質を捉え、本物の社会インフラを創造する

「本質を極める」をモットーに、多様な文化や価値観で「市民・自然・未来」に提案
自由に意見をぶつけ合うことで成長し続ける社員

中央復建コンサルタンツは、創業75周年を迎えた総合建設コンサルタントのパイオニア。国内外の鉄道・道路・橋梁といった社会インフラの計画や設計、三次元化技術、社会インフラマネジメント、まちづくりコーディネートなどの総合的な分野で、社会のニーズを先取りし、安全で豊かな未来を切り開いている。

建設コンサルタントというと、基準やマニュアルに従って構造解析を行ったり、行政が考えるまちづくりを「お手伝い」する業種と思われがちだが、同社は「価値創造」を目指すプロセスに重点を置いている。例えば「あべのハルカス」に接続する歩道橋設計では、道路横断機能だけで設計するだけではなく、使い勝手や居心地のよさ、賑わいを創出することに重点を置いた提案をした。上空から見ると「abeno」の頭文字である「a」の形に設計・施工された歩道橋には賑わいが生まれ、発注者から高い評価を受けているという。

「伝統」「質の高い技術」「チャレンジ精神」が強み

中央復建コンサルタンツの強みは三つある。先ずは「伝統」だ。1946年の創業当時、満州をはじめ海外から帰還した鉄道技術者を集め、国が設立した社団法人として国土の復興に着手した。それゆえ鉄道設計では日本一、グローバルでもトップレベル。戦後一貫して日本の復興と発展に寄与してきた経験は、全国各地の都市交通や災害復興プロジェクトで活かされているほか、リニア中央新幹線といった国家プロジェクトや海外鉄道の設計にも力を発揮した。戦後の混乱期の中で生まれた「建設コンサルタント」という新しい事業を開拓してきた「パイオニアとしてのDNA」が根付いている。

次に本質を極める「質の高い技術」。国が推進するi-Constructionの一環であるBIM/CIMの試行段階から参画して設計業務に活用するなど、CIMのトップランナーとして活躍していることだ。CIM技術とデジタル技術を組み合わせたデジタルトランスフォーメーションにも積極的で、なかでも従来の設計に「時間」と「コスト」の要素も入れた四次元・五次元設計とビッグデータを組み合わせて巨大プロジェクトを推進する「デジタルツイン」は、業界で高い評価を得ている。

そして関西で成長してきたチャ

GOOD DESIGN

斬新なアイディアをカタチとして実現する面白さ
「ひとが主役の賑わい空間」ニーズを超えた提案で価値創造

まちづくり会社を作ってエリアマネジメント
未来の子供達のための地域づくり

若手社員達が提案した「リニア新幹線
駅デジタルツイン」の動画

若手社員が新プロジェクトを議論
Web会議だけでなく対面も大事

レンジ精神あふれる会社であること。関西人は商品のイメージや見栄えより、本質的な価値を重視するという。そんな関西独特のニーズに応え、成長してきた中央復建コンサルタンツだからこそ、首都圏においても価値のあるデザインやサービスを提供できる。さらに関西には大阪や神戸、京都といった、それぞれユニークな歴史がある都市も多く、首都圏に比べて多様な文化や価値観が存在する。関西で育った同社は、多様性が求められるまちづくりにはうってつけの建設コンサルタントでもある。多様性を尊重する関西を地盤とする企業だけに、社内の上下関係にとらわれることなく自由に意見をぶつけ合い、失敗を恐れずチャレンジできるよう社員の背中を押す風通しのよい社風もある。

「どうすればできるか」を考え「ニーズを超えた提案」をする

同社が大事にしているのは「ニーズを超えた提案」だ。建設コンサルタントには社会インフラやまちづくりの専門家として、真の価値を見極めることが求められる。「時代／次代を先導する価値創造集団」を標榜する同社は、発注者のニーズにそのまま応えるだけでなく、ニーズの奥にある本質を捉えるコンサルタントを目指す。本質から外れ、失敗が見えている発注には「NO」という。その代わり、いかに困難なプロジェクトであっても、専門家として必要性を認めれば「できるか、できないか」ではなく、「どうすればできるか」という姿勢で取り組む。

東日本大震災の発生から10年が過ぎたが、今も復興のためのまちづくりに関わる社員がいる。台風などで土砂災害が発生したら真っ先に現地に駆けつける社員もいる。発注者は行政や交通事業者だが、まちやインフラを利用する市民やもの言わぬ自然、そして未来の子供たちが「真の顧客」と考える中央復建コンサルタンツ。今日もまた持続可能な未来社会をデザインしている。

｜わ｜が｜社｜を｜語｜る｜

常務取締役　東京本社長
澤野 嘉延氏

チャレンジする若手社員たち〜風通しがよくプロアクティブな雰囲気〜

「与えられた問題を解くのではなく、問題を作る側にいる」のが、わが社のモットー。関西は進取の気性に富むエリアで、国も新事業は先ず関西で試すことが多い。そのため参考にする前例や正解がないプロジェクトで鍛えられてきました。その実績を買われて首都圏の新しいタイプのプロジェクトを任されます。難しい新規事業を成功させるには若い力が必要です。わが社では上司を役職ではなく「さん」づけで呼び、若手社員も気軽に社長室に入って相談できる風通しの良さがあります。生まれたばかりのベンチャー企業のように風通しがよくプロアクティブな雰囲気です。若手社員のチャレンジを積極的に会社が支えます。最大の資源は「ひと」であり、人材に対する投資は惜しみません。

会社 DATA

所 在 地：東京本社　東京都千代田区麹町2-10-13
設 　 立：1946（昭和21）年6月1日
代 表 者：兼塚 卓也
資 本 金：3億6百万円
売 上 高：104億5千4百万円（2021年4月期）
従業員数：515名（2021年5月1日現在）
事業内容：建設コンサルタント、測量、地質調査、補償コンサルタント、一級建築士事
　　　　　務所など
U R L：https://www.cfk.co.jp/

▲ 不二公業株式会社

ガス工事を主軸に、土木工事や管工事で街づくりに貢献
——千葉を中心に首都圏でインフラ需要に対応

ここに注目！ 千葉県北西部でエネルギーを供給する「ガス事業者」の指定ガス工事店として発展
土木工事、管工事の施工・管理を一貫してサポートする総合建設会社

不二公業株式会社は都市ガスの本支管工事・ガス設備工事などの「ガス工事」を主力とする総合建設会社。公共工事、民間工事の両方を手がけながら、「土木工事」「管工事」へと事業を拡大し、千葉を中心に、都内、埼玉、茨城などの首都圏で活躍する。長年培われた高い技術力と幅広く安定した工事需要をベースに、新たなニーズへの取り組みにも力を注ぐ。そのためにも必要なのが技能を備えた人材の確保で、採用後の教育はもちろんのこと、工事関連の資格取得を会社としてバックアップする。

長年培った「技術力」と「現場力」で顧客の信頼を獲得。それぞれの地域・分野において必要不可欠な存在に

会社の設立は1963年。高度成長期の都市ガス需要の増加に対応するため、千葉県北西部を地盤とするガス事業者の「指定ガス工事店」としてスタートした。だが現在では上下水道工事・道路舗装工事などの「土木工事」、ビル・マンションの給排水衛生空調設備工事・リニューアル工事などの「管工事」など幅広い業務を手掛けるまでに成長した。小原智社長は「少子高齢化や人口減少が続く中、建設投資はピークを迎える一方、人々が安全・安心に暮らせるための『防災・減災対策』『リニューアル工事』の需要が高まっており、建設業界に対する期待や社会的責任はますます大きくなっている」と事業の成長性を強調する。こうした強みが、新型コロナウイルスの感染拡大は産業界に大きな影響を及ぼす中でも、「ガス工事」の安定受注をベースに「公共工事」と「民間工事」のバランスを保ちながら、景気に左右されることのない着実な成長を続けることにつながっている。

さらに、低炭素社会の実現に向けた環境にやさしい「新技術・新工法」の開発にも力をいれていることが同社の存在感を一層高めている。例えば、ガス事業者と共同開発した非開削工法「フレックスドリル工法」は、ガス配管で使用するポリエチレン管やケーブルなどを、道路を掘削することなく地中に敷設できる工法で、交通規制も最小限に抑え、従来の掘削工事比で約25％の二酸化炭素の排出量を削減できる。2009年には、日本ガス協会から技術賞を受賞しているほどだ。

また、「社会基盤整備事業を通して地域社会に貢献する」という「企業理念」の観点から、災害発生時の復旧にいち早く全力で取り組むため、事業継続計画（BCP）を策定し、2021年1月に国土交通省関東地方整備局の認定を受けた。協力会社を含め、同社では熟練した技術スタッフが常時現場での作業にあたっており、しかも、施工・管理・アフターメンテナンスを一貫して自社でサポートして

2016年に完成した本社新社屋

環境にやさしい非開削工法（ガス工事現場）

きれいで働きやすいオフィス環境

社員の成長を会社全体でフォローアップ

社員旅行などのレクリエーションも充実

いくだけに、各所に目が行き届いたきめ細かな現場対応は大きな強みになっている。

新入社員から中堅・管理職へと人材を育成する教育制度・キャリアプランを構築。現場対応力に優れた人材育成で未来を創造

　こうした現場での工事を支えるのは人材。新入社員の教育は現場でのOJTが多いものの、管工事施工管理技士や土木施工管理技士をはじめとする国家資格の取得を推進する。労働安全衛生法に基づく資格・技能の取得も同様で、社員の中には10〜20種類の資格保有者もいるという。そして、これらの資格取得費用は会社が全額負担し、取得した資格に応じて手当として毎月の給与に反映させ、社員の士気向上につなげている。また、労働災害撲滅のための安全教育には特に力を入れており、経営幹部による安全パトロールは毎月実施している。

　同社は、「ありたい姿」として、長期ビジョン「地域と共に未来を創造する」企業になることを掲げる。その実現に向けて、「パイピング技術のスペシャリスト集団を目指す」「地域社会から強く必要とされる企業を目指す」「関係する全ての人と豊かさを分ちあえる企業を目指す」ことを目標とする。2016年には新社屋を完成させて快適な職場環境を作り上げた。2021年11月には企業のイメージアップ向上も狙って、ユニフォームをオリジナルデザインのものへと刷新する予定。社員全員で未来を創造していく。

｜わ｜が｜社｜を｜語｜る｜

代表取締役社長
小原　智氏

一緒にモノづくりを楽しみましょう。インターンシップにも参加してください！

　当社が主力として手がけるガス工事をはじめとする土木工事・管工事は、資格と技能を必要とする公的な性格を持った業務です。自分たちの仕事は形が残るモノづくりであり、質の高い仕事をすることで顧客から喜ばれる仕事でもあります。高度成長期に施工されたガス管や水道・下水道管など公共インフラと呼ばれる施設は現在、大規模な更新時期を迎えており、需要の増加が見込まれます。施工及び施工管理を希望する理系・工科系学生を毎年3〜4人ずつ採用していく計画で、給与にも反映される資格の取得を全社で推進し、新入社員がどうキャリアアップしていくのか、イメージがしやすい仕組みをつくっています。一緒にモノづくりの喜びを分かち合っていきましょう。

会社DATA	
所　在　地	千葉県船橋市金杉町893-1
設　　　立	1963（昭和38）年3月設立
代　表　者	小原　智
資　本　金	4,500万円
従 業 員 数	61名（2021年8月1日現在）
事 業 内 容	ガス本支管・ガス設備工事、土木工事及び管工事の施工計画・管理及び施工
Ｕ　Ｒ　Ｌ	https://www.fuji-k.jp

株式会社都実業

地域とともに自然とともに建設工事を営み半世紀
—— 地元の信頼をバックに官民土木事業からグリーン関連事業まで

ここに注目！ 公共発生土処理など地道な実績と高い工事品質に基づく抜群の信頼性
剪定枝のリサイクル事業を土台にバイオマス発電事業に参入

「当社には営業する社員がいない。できあがった数々の施工物件を見てもらえれば、われわれの仕事ぶりがわかるだろうし、次の発注をしてもらえる。だから現場で作業している社員全員が営業の役割を担っている。ここまでそうしてやってきているのだから、間違っていないはず」と語るのは、神奈川県湘南エリアを中心に建設工事事業を営む株式会社都実業の生川誠司会長。創業以来、ひたすらに地域に根ざして、社員とともに一つひとつの工事を愚直に完成させてきた。

地域貢献の思いを
会社ぐるみで貫く

1974（昭和49）年に株式会社都建材として設立し、翌75年に現社名に変更するとともに建材業を中心に土木工事事業をスタート、造成工事や外構、基礎工事などの民間土木工事で実績を積み重ね、82年には初の公共事業となる県立高校のグラウンド造成工事を受注。86年からは残土処理事業に本格参入し、建設工事事業、公共工事事業、公共発生土処理事業の3事業で地元の信頼を獲得してきた。「他社にはない独自の技術があるとか、そんな飛びぬけた強みがある会社ではない」（生川会長）としながらも、つねに新たな部材や技術を取り入れて工期短縮やコスト削減を図るとともに、高品質の工事を目指してきた。さらに「建設事業を通じて地域社会へ貢献する」と掲げた経営理念にある通り、地域に密着し、そこで暮らす人々のためになる工事をしようという思いを会社ぐるみで貫

いてきたことも大きい。高い工事品質はもちろん、適切かつ細やかな配慮を伴った施工の数々が、取引先の高い評価と地元の信頼を呼び込み、建設工事業では県内屈指の優良企業に成長した。

例えば、公共発生土の処理事業。86年に始めた残土処理の実績が評価され、90年に公共発生土の受け入れを開始した都実業は、公共発生土を有効利用し、荒地を農地や公園、ゴルフコースなどに再生する事業を次々に手掛けた。そうした同社のノウハウと着実な実績は、やがて神奈川県藤沢土木事務所の指定に結び付き、以来30年以上にわたって管内の公共発生土の処理を一手に引き受けるまでになっている。

一方、地域貢献を発展させるかたちで、2006年に始めたのがグ

地産地消するグリーンエネルギー（関連会社の利久株式会社が運営管理する茅ヶ崎バイオマス発電所）

災害復旧工事現場

破砕作業(破砕チップが発電燃料や堆肥原料に)

会議風景

リーンリサイクル事業だ。枝・幹・竹・草などの剪定枝を廃棄物として処理するのではなく、これを収集運搬してバイオマス発電燃料やパルプ原料、堆肥としてリサイクルする。16年には日量144トンの処理が可能な大型の破砕機を導入して中間処理能力を大幅に拡充するとともに、産業廃棄物処分業の許可も取得し、造成工事などで発生する剪定枝の処理も行えるようにした。現在厚木、大磯、茅ケ崎の3カ所にグリーンリサイクルの営業所を開設して、地元住民の持ち込みにも対応。SDGsの一環として地域貢献している。

毎年納税を続ける経営力

ただ、地域に根付く建設工事会社を安定成長させるのは容易なこ

とではない。生川会長は「無我夢中でここまでやってきた。取引先や協力会社、金融機関といったパートナーの方々、それと社員の力のお陰で、私は旗振り役にすぎない」と語るが、着実に収益を確保し毎年納税を続けてきた経営もまた都実業の現実だ。

そしてこの夏、茅ヶ崎営業所の隣接地に出力1,990キロワット級の木質バイオマス発電設備を稼働させ、グリーンリサイクル事業を土台にグリーンエネルギー事業への参入を果たした。自社で回収、破砕、チップ化した燃料を用いて、蒸気タービンで発電、東京電力パワーグリッドへ売電する。地元で集めた木材をエネルギーとして返す地産地消の取り組みで、同社の社会貢献の取り組みは一段

と加速することになる。

今後の都実業について、生川会長は「売上を伸ばそうとか、会社を大きくしようとか考えていない。しっかり持続させていくことが何より大切。今が精いっぱいで、とても将来の姿を見通すことはできない」と打ち明ける。何とか会社を安定継続させたいという思いが、バイオマス発電事業という新たな挑戦に向かわせたと言えるだろう。「会社の規模と社員数のバランスがちょうどよい。社員の定着率もすこぶる高い」という生川会長。背伸びすることなく、地元とともに自然とともに事業を営み、新たなビジネスにも挑む都実業。社員からも愛されているとあれば、これに勝る優良企業はない。

| わ | が | 社 | を | 語 | る |

代表取締役会長
生川 誠司 氏

人様のお役に立てるこの仕事を天職に

私たち都実業が湘南の地に産声をあげて、早や半世紀近くが経ちました。振り返ってみれば唯々夢中でやってきたのが現状で、地元の皆様に支えられ事業を継続させていただいたと言えるでしょう。これまで従業員も協力会社の方々も苦楽をともにする家族と思い、都実業を形づくる一人ひとりが、足りないところを持ち合わせながら得意な面を生かしあい、力を合わせ歩ん

できました。そしてこのたび、本業の建設工事事業とグリーンリサイクル事業を発展させる形で、新たにエネルギー事業を手がけられることとなりましたが、人様のお役に立てるこの仕事を天職と受けとめ、これからも業務に精進してまいります。

会社DATA

所 在 地：神奈川県鎌倉市城廻640-3
設　立：1974(昭和49)年9月9日
代 表 者：生川 誠司
資 本 金：5,000万円
従業員数：50名(2021年9月現在)
事業内容：土木工事請負業・建築工事請負業・公共工事発生土処理事業・グリーンリサイクル事業・グリーンエネルギー事業
U R L：http://miyako-jitsugyo.com

株式会社横河システム建築

システム建築・特殊建築のリーディングカンパニー
——長年培った鋼構造の技術と経験を活かしてさらなる成長へ

ここに注目！ 鋼構造の技術を活かし、短工期・低コスト・高品質のシステム建築で未来の建築スタンダードを追求
他にないオンリーワンの特殊建築技術を世界に提供

倉庫や工場、物流施設、ホームセンターなどの店舗、アリーナなど、広大な室内空間が必要な建物は多い。「システム建築」は、鉄骨を用いた鋼構造物でそんな大空間を実現する建築方法だ。今年、創業20周年を迎えた横河システム建築は、このシステム建築において全国で1万棟を超える実績を持つナンバーワン企業である。また、一方で長い歴史から裏付けられた技術力を礎とし、スタジアム等で使われている可動建築を取り扱う特殊建築事業も手がけている。

鋼構造を熟知した2つの事業

横河システム建築は、2001年に横河ブリッジのシステム建築事業部門が分離独立した会社だ。横河ブリッジは、わが国最初の橋梁・鉄骨専業メーカーで110年以上の歴史がある。その会社から鉄骨や鋼構造に関する経験と技術を継承した同社は、システム建築の自社ブランド「yess建築」事業と、大型可動建築物などを扱う「特殊建築」事業の2つを事業の柱としている。

システム建築とは、建物を建設するうえで想定される検討事項・仕様を予め体系化することで、短工期・低コストを実現しながらお客様の要望に応える高品質な建物だ。中でも、同社のyess建築は「独自の鋼構造技術を活かしたシステム建築製品で、意匠性に優れ、目的や用途に応じて規格寸法仕様の建物から自由度の高いオーダーメイド仕様の建物までフレキシブルに対応が可能です」と総務第一部で採用担当の佐藤栄二課長補佐は語る。

その上、橋梁で用いる高張力な鋼材を採用することで無柱スパン最大60mの大空間を実現できる。また、yess建築独自の合理的な構造と施工性に富んだ部材により、低コストで短納期を実現。

工場や倉庫、スポーツ施設や店舗に至るまで、あらゆる大スパンの低層建築に対応が可能だ。「日本でも徐々に知られてきている建築工法として、毎年600～700棟の受注があります。当社には全国に1200社以上の販売施工代理店（ビルダー）網があり、あらゆる地域に迅速に提供できます」（佐藤氏）。わが国には、建物の老朽化や耐震構造の強化など建て替え需要も多い。今後も成長が見込める事業と言えるだろう。

一方、特殊建築事業では、110年以上の歴史で培った建築・橋梁・電気制御等の技術を活かして大型可動建築物を手掛ける。これまでに国内外の大型スタジアムの開閉屋根や、ハワイのすばる望遠鏡の大型シャッター改修、航空機の格納扉など、様々な用途の可動建築物に携わってきた。「最近では海外から直接引き合いもあり、可動建築物でも認知されてきました」と佐藤氏は明かす。実際、鋼

システム建築シェアNo.1

建築物を動かすプロフェッショナル

若手社員も多く在籍 | 明るく快適な環境で新たな価値を生み出す

構造物の設計から製作・施工まで自社で担える同社では、2つの事業の技術をコラボした建築物の施工も可能だ。「やったことのないことをやる。ウチしかできないことをやる」(佐藤氏)という同社の姿勢が今後もこの分野での飛躍を生みそうだ。

システム建築をゼロから教える教育体制

このような鋼構造に関する高い技術を可能にするのが同社の教育体制だ。先駆けとして日本に一早くシステム建築を取り入れてきた同社には他にはない教材がそろっている。その一方で、「未だ日本ではシステム建築についての認知度が低く、世間ではあまり知られていません。新入社員でも建築学科出身者の一部が知っている程度」と佐藤氏はいう。そのため、同社では鋼構造やシステム建築について、基礎からしっかりと学ぶ研修体制が整っている。新入社員が入社直後に約3カ月間を掛けて行うこの研修では、知識に関する座学だけでなく、「実際に溶接を行うなどの実技もあります」(佐藤氏)。新入社員はもちろんのこと、そのほか各種研修も豊富に行っている。中途採用者を対象に、設計部門や営業部門など、社内の幅広い部署から参加し、知識や情報の研鑽に生かしている。各部署においては、長年勤務したベテラン社員も交じって技術やソフトのアップデートに対応する研修を行っているという。

技術に対する、社員たちのこうした前向きな姿勢が高水準の品質を生み出し、躍進の原動力となっている。

| わ | が | 社 | を | 語 | る |

代表取締役社長
栗原 一也氏

グループ110年の歴史と企業としての若さを併せ持ち、さらなる成長を目指します

当社は、創業以来110年に渡り建築や土木のリーディングカンパニーとして歩み続けている横河ブリッジホールディングスグループの一員として高い技術力と企画力を有し、業界No. 1のシステム建築事業と、スタジアムの移動屋根システム等の大型可動建築物を得意とする特殊建築事業を行っております。

事業会社として独立してまだ20年と、グループ内では若い企業ですが、「常にお客様に満足頂ける商品を提供すること」と「全社員が、仕事で満足感を得られるもしくは楽しく仕事ができる環境を提供すること」を方針とし、おかげさまで急成長を遂げております。今後も若者の発想力と行動力を活かし、さらなる成長を目指していきます。

会社 DATA	
所 在 地	千葉県船橋市山野町47-1　横河ウエストビル
設 立	2001（平成13）年8月1日
代 表 者	栗原 一也
資 本 金	4億5,000万円
従 業 員 数	360名
事 業 内 容	システム建築のブランド「yess建築事業」と大型可動建築物等を扱う「特殊建築事業」を展開
U R L	https://www.yokogawa-yess.co.jp/

掲載企業 59 社エリア別（地名の 50 音別）

モノづくり　　生活・エンタメ　　IT/ソリューション　　社会インフラ　　商社・サービス　　建設・不動産

東京都

- ■（株）印南製作所【足立区】
- ■yts（株）【荒川区】
- ■（株）不二製作所【江戸川区】
- ■（株）アコーディア・ゴルフ【品川区】
- ■高周波熱錬（株）【品川区】
- ■（株）サクセス【品川区】
- ■大成温調（株）【品川区】
- ■日学（株）【品川区】
- ■（株）エコ・プラン【新宿区】
- ■ジェット・テクノロジーズ（株）【新宿区】
- ■セントラル警備保障（株）【新宿区】
- ■東亜ディーケーケー（株）【新宿区】
- ■（株）日東【墨田区】
- ■新三平建設（株）【台東区】
- ■（株）ディープコム【台東区】
- ■日本電計（株）【台東区】
- ■（株）アクアシステムズ【中央区】
- ■（株）アルファTKG【中央区】
- ■（株）ウェーブロック・アドバンスト・テクノロジー【中央区】
- ■（株）テクノコア【中央区】
- ■坂口電熱（株）【千代田区】
- ■ダイダン（株）【千代田区】
- ■中央復建コンサルタンツ（株）【千代田区】
- ■（株）ユキリエ【千代田区】
- ■（株）アドバンスト・メディア【豊島区】
- ■（株）パワーエッジ【豊島区】
- ■（株）ADDIX【港区】
- ■（株）BookLive【港区】
- ■（株）アイ・ティ・イノベーション【港区】
- ■酒井重工業（株）【港区】
- ■シンフォニア テクノロジー（株）【港区】
- ■（株）プラネット【港区】
- ■ミツヤ送風機（株）【港区】

神奈川県

- ■黒田精工（株）【川崎市幸区】
- ■（株）昭和真空【相模原市中央区】
- ■プレス工業（株）【藤沢市】
- ■（株）都実業【藤沢市】
- ■岡田工業（株）【横浜市神奈川区】
- ■（株）エヌエフホールディングス【横浜市港北区】
- ■（株）ツガワ【横浜市港北区】
- ■明光電子（株）【横浜市港北区】

埼玉県

- ■石坂産業（株）【入間郡】
- ■AGS（株）【さいたま市浦和区】
- ■（株）ハーベス【さいたま市浦和区】
- ■（株）エイチワン【さいたま市大宮区】
- ■サイボー（株）【川口市】
- ■日本シーム（株）【川口市】
- ■サンライズ工業（株）【越谷市】
- ■松本興産（株）【秩父郡】
- ■日本伸管（株）【新座市】

千葉県

- ■（株）キヨシゲ【浦安市】
- ■（株）ニッコー【浦安市】
- ■（株）竹森工業【鎌ヶ谷市】
- ■双葉電子工業（株）【茂原市】
- ■（株）キーペックス【千葉市中央区】
- ■ハイテック精工（株）【千葉市花見川区】
- ■不二公業（株）【船橋市】
- ■（株）横河システム建築【船橋市】
- ■都機工（株）【松戸市】

INDEX

モノづくり　　生活・エンタメ　　IT/ソリューション　　社会インフラ　　商社・サービス　　建設・不動産

（50音順）

NDC 335

これから伸びる首都圏のカイシャ2021 秋

2021 年 10 月 25 日　初版 1 刷発行　　　　　　　　　　定価はカバーに表示してあります。

Ⓒ編　　者　　　日刊工業新聞社東京支社
　発行者　　　井水治博
　発行所　　　日刊工業新聞社　　〒103-8548 東京都中央区日本橋小網町 14-1
　　　　　　　書籍編集部　　　　電話 03-5644-7490
　　　　　　　販売・管理部　　　電話 03-5644-7410
　　　　　　　FAX　　　　　　　03-5644-7400
　　　　　　　振替口座　　　　　00190-2-186076
　　　　　　　URL　　　　　　　https://pub.nikkan.co.jp/
　　　　　　　e-mail　　　　　　info@media.nikkan.co.jp

　協　　力　　　日刊工業コミュニケーションズ
　カバーデザイン　日刊工業コミュニケーションズ
　印刷・製本　　　新日本印刷（株）